Christian Mertens, Bartosz Werner

So bekommen Sie Ihr Drehbuch in den Griff

Christian Mertens, Bartosz Werner

So bekommen Sie Ihr Drehbuch in den Griff

Wie Sie die 7 häufigsten Fehler in der Dramaturgie erkennen und vermeiden

HERBERT VON HALEM VERLAG

INHALT

Vorspann

Sieben Schauspieler und ein Regisseur sitzen in einem Raum. Alle haben das Drehbuch vor der Nase und lesen die Zeilen, aus denen später mal ein Film entstehen soll. Und dann kommt der Moment, vor dem man sich als Filmemacher am meisten fürchtet: Die Schauspielerin, der Star des Films, sagt einen gefährlichen Satz: „Also das verstehe ich nicht... Warum weint meine Figur in dieser Szene?" Regisseur: „Na, weil dein Mann dich betrogen hat." „Aber da fängt meine Figur nicht an zu heulen, da freut sie sich drüber! Endlich kann sie ihn loswerden!"
Wie reagieren Sie als Regisseur?

a. Sie fangen an zu stottern.
b. Sie versichern der Schauspielerin, dass Sie das beim Dreh schon richtig inszenieren werden.
c. Sie versichern der Schauspielerin, dass die Szene später, im Schneideraum, eine extrem emotionale Szene werden wird.

Natürlich ist es möglich, dass die Schauspielerin ein Detail überlesen hat. Aber das passiert selten, besonders wenn der Star viel Erfahrung mitbringt. Sie spricht einen Punkt an, den man nicht überlesen kann, weil er in jeder Szene spürbar sein sollte: die Entwicklung einer Figur hin zu einem gewissen Punkt, in diesem Fall einem Gefühlsausbruch. Oft sind solche Hinweise von Schauspielern wertvoll, denn die Wahrscheinlichkeit, dass der Zuschauer die gleiche Empfindung hat, ist sehr hoch.

Stellen Sie hier Schwächen fest, müssen die betroffenen Szenen umgeschrieben werden. Haben Sie keine Zeit mehr, das

Drehbuch zu verändern, können Sie versuchen, die Szene am Set zu improvisieren, doch das kostet in der Regel zu viel Zeit. Besser ist es, man bemerkt den Fehler im emotionalen Verlauf der Hauptfigur bereits lange vorher: in der Drehbuchentwicklung. Daher ist es wichtig, der Arbeit am Drehbuch noch mehr Aufmerksamkeit zu widmen. In den letzten Jahren haben wir bei TV- und Kinofilmen, Werbespots oder Musikvideos immer wieder festgestellt, dass eine wackelige Kameraführung vom Zuschauer schnell verziehen wird, eine wackelige Geschichte allerdings nicht.

Wir als Regisseure legen in unserer täglichen Arbeit immer den Fokus auf das für uns Wesentliche: die emotionale Führung der Figuren und des Zuschauers. Mit dieser Einstellung haben wir das Buch verfasst. Wir glauben daran, dass Drehbücher sich besser entwickeln, wenn die Figuren der Motor sind – nicht der Plot. Wir sind character-driven! In jedem Filmgenre. Dieses Buch ist eine Anregung, kein vollständiges Kompendium oder ein lückenloser Maßnahmenkatalog. Drehbuch-Ratgeber jener Art gibt es nämlich bereits von diversen Autoren. Einige von ihnen finden Sie in der Literaturliste am Ende des Buches und wir gehen davon aus, dass Sie einige Werke davon bereits gelesen haben. Und vermutlich wird es Ihnen mit diesen Büchern wie uns ergangen sein: all diese Ratschläge, Gesetze oder Mechanismen sind beeindruckend. Sie jedoch alle in die Praxis umzusetzen, halten wir für unmöglich und auch unnötig, denn nicht jeder Film, nicht jede Geschichte benötigt alle Tipps, die es auf der Welt gibt.

Aus diesem Grund haben wir in diesem Buch sieben Themen versammelt, die wir deshalb in den Vordergrund stellen möchten, weil sie uns in der Praxis bereits sehr geholfen haben, und würden uns freuen, wenn Sie einige Gedanken finden, die Sie für Ihr eigenes Projekt nutzen können. Wie erwähnt, legen wir keinen Wert auf Vollständigkeit. Wir möchten Themen in das Schaufenster schieben, die nach unserer Erfahrung in der Praxis zu wenig Beachtung finden.

Im besten Falle haben Sie bereits ein Exposé, Treatment oder Drehbuch in der Hand oder stehen kurz davor, Ihren Film umzusetzen und suchen noch nach Input. Sehen Sie uns als „Nahrungsergänzungsmittel" – fügen Sie einige Gedanken zu Ihrem bereits vorhandenen Filmwissen hinzu und lassen Sie sich von unseren sieben Problemen (bzw. von den Lösungen dazu) an- oder abstoßen. Hauptsache, Ihre eigene Geschichte entwickelt sich weiter, nimmt Fahrt auf und überrascht Sie bei jedem weiteren Schritt selbst.

Christian Mertens und Bartosz Werner

7

1. KAUSALKETTE

Ein Rabbi liebt es, Golf zu spielen. Doch schon seit Tagen regnet es, und er hat keine Möglichkeit, auf den Golfplatz zu gehen. Erst Samstagmorgen, am heiligen Sabbat, klart es auf. Die Sonne scheint. Es ist das perfekte Wetter, um Golf zu spielen. Aber Gott verbietet es, am Sabbat zu arbeiten oder sich sportlich zu betätigen. Der Rabbi ringt mit sich: „Soll ich Gott gehorchen - oder lieber Golf spielen?" Er blickt noch einmal nach draußen, das Gras ist grün, die Sonne lacht. Er hält es nicht mehr aus und schleicht sich auf den Golfplatz. Gott und sein Assistent beobachten das von oben. Der Assistent ist erbost: „Gott, schau! Der Rabbi! Am heiligen Sabbat! Auf dem Golfplatz!" Gott nickt und ist ebenfalls verärgert. Der Assistent fordert: „Du musst ihn dafür bestrafen!" Gott nickt zustimmend. Einige Minuten später steht der Rabbi am Abschlag, holt aus und trifft den Ball perfekt. Der Ball fliegt 150 Meter weit, genau auf das Grün zu und landet direkt im Loch! Ein Hole-In-One! Der Assistent ist außer sich: „Oh Gott, was war das denn? Du wolltest ihn doch bestrafen!" Gott wendet sich dem Assistenten zu und sagt: „Wem soll er das jetzt erzählen?"

Wir mögen diesen Witz, weil er ein gutes Beispiel für eine Erzählweise ist, die wir in diesem Kapitel beschreiben möchten. Der Witz hat eine hohe Kausalität - bezüglich der Ereignisse und der Bedürfnisse seiner Charaktere. Das, was den drei Figuren widerfährt, baut stark aufeinander auf und jede Entscheidung, jedes Ereignis zieht ein anderes Ereignis nach sich. Es gibt bei allem eine kausale Verknüpfung. Ein paar Beispiele:

» Weil Gott verkündet hat, dass am Sabbat Ruhe gehalten

werden soll, gerät der Rabbi in eine Zwickmühle.

» Und weil das Wetter bislang so schlecht gewesen ist, wird die Sehnsucht zu spielen beim Rabbi immer größer.
» Und weil er Gott nicht gehorcht, entscheidet dieser, ihn dafür zu bestrafen.

Stellen wir uns vor, einer dieser drei Punkte würde fehlen oder die Geschichte würde an einem Donnerstag statt an einem Samstag spielen: Der Witz würde keinen Sinn mehr ergeben. Zu erreichen, dass alle Ereignisse in einer Geschichte untrennbar aufeinander aufbauen, ist ein hartes Stück Arbeit. Aber ein sehr lohnendes.
Diese drei Aussagen haben alle etwas gemeinsam. Jeder Satz begann mit den gleichen Worten: Und weil ...

1 Und weil ...

Es gibt einen einfachen Trick, um herauszufinden, ob eine Geschichte durchgehend kausal ist oder nicht. Wenn Ihnen jemand beim Bier eine Filmidee erzählt, und er benutzt als Überleitung zwischen den Szenen oft *„und weil..."*, weist die Geschichte mit großer Wahrscheinlichkeit eine hohe Kausalität auf. Wird hingegen *„und dann..."* verwendet, ist aus unserer Sicht Vorsicht geboten: *„Und dann..."* deutet oft darauf hin, dass die Ereignisse in der Geschichte nacheinander folgen, *ohne* aufeinander aufzubauen. Nicht nur bei einem Bier lässt sich die Kausalkette auf diese Art prüfen: Sie gilt auch für jeden weiteren Schritt – bis zur der Arbeit im Schneideraum, wo man Szenen aus dem Film entfernt, wenn sie nicht kausal miteinander verbunden sind. Und das passiert sehr häufig.

Tags Kausalität Dominoprinzip Motivation

Die Kausalkette ist in den Fachbüchern über Dramaturgie immer ein Thema. Wir haben beobachtet, dass sie jedoch in den täglichen Besprechungen zwischen Teammitgliedern, Redakteuren oder Autoren selten eine große Rolle spielt. Das hat Gründe. Einer der Hauptgründe ist, dass man vieles am Drehbuch überarbeiten müsste, wenn man Lücken in der kausalen Abfolge erkennt. Diesen Aufwand scheuen viele, weil man sich doch schon an so viele schöne Szenen gewöhnt hat und sie unbedingt drehen will.
Viele Drehbücher beginnen spannend, denn die Idee, die die Autoren hatten, zeigt sich dort auf eine sehr frische Art und Weise. Oft geht den Geschichten nach der Einführung allerdings die Luft aus. Nach der Exposition, dem auslösenden Ereignis oder dem ersten Plot-Point flachen sie extrem ab. Manchmal liegt es daran, dass sich die Autoren an dieser Stelle von der Kausalität verabschiedet haben. Die Geschichte verliert ihre Zwangsläufigkeit.

2 Dominosteine

Die Schriftstellerin Elisabeth George beschreibt in ihrem Buch „Wort für Wort", wie wichtig es ist, dass ein Ereignis in der Geschichte ein anderes auslöst. Sie schreibt, dass der Plot „im Wesentlichen das ist, was die fiktiven Figuren tun, um mit einer überraschenden Situation fertig zu werden. Es ist eine logische Folge von Ereignissen, die einem Vorfall entspringen, der den Status quo, die Ausgangssituation der Charaktere verändert." Sie geht noch weiter: „Wenn Ihr schlechte Literatur vermeiden wollt, stellt Euch die Ereignisse in Eurem Roman als Dominosteine vor. Nennen wir sie dramatische Dominosteine. [...] Ihr müsst hier bedenken, dass Szene 1 der erste Dominostein ist. Sie stößt den nächsten um und so weiter. Wenn das nicht geschieht, ist es Euch nicht gelungen, die Szenen kausal zu verknüpfen." [1]

Es gibt viele Filme, in jedem Genre, die eine hohe Kausalität aufweisen. Stellvertretend möchten wir einen Film in den Fokus nehmen: „Rambo – First Blood", ein Wunderwerk der Kausalität. Besonders zu Beginn bauen alle Handlungsschritte stark aufeinander auf:

1. John Rambo will in der ersten Szene des Films einen Freund besuchen, mit dem er im Krieg gedient hat. Doch der ist an Krebs verstorben. Ein Schock für Rambo. Er wirft sein Adressbuch weg und begibt sich auf Wanderschaft, er hat nun kein Ziel mehr. All seine Freunde sind tot (das erfahren wir später im Film noch ausführlicher).
2. Weil er jetzt kein Ziel mehr hat, streunt er durch die Gegend und sucht in einer Kleinstadt nach einer Idee für seine Zukunft und etwas zu essen.
3. Weil der Sheriff dieser Stadt etwas gegen Streuner hat und Rambo in seinen Augen „nach Ärger" aussieht, hält er ihn an. Er fragt ihn, was er hier wolle.
4. Weil Rambo das selber nicht weiß und sich vom Sheriff provoziert fühlt, antwortet er sehr wortkarg. Herumkommandieren lassen will er sich nicht.
5. Weil Rambo sich so gibt, fühlt sich der Sheriff in seiner Ansicht bestätigt, dass „Leute wie er nur Ärger machen".

6. Weil der Sheriff sichergehen will, dass Rambo wieder verschwindet, lädt er ihn freundlich aber bestimmt dazu ein, von ihm aus der Stadt gefahren zu werden.
7. Weil Rambo keinen Ärger möchte, steigt er in den Streifenwagen. Während der Fahrt gibt der Sheriff ihm deutlich zu verstehen, dass er ihn nicht mag.
8. Weil Rambo noch immer keinen Ärger machen will, schluckt er auch diese Provokationen.
9. Nachdem er an der Stadtgrenze aussteigt, wandert Rambo jedoch wieder in die Gegenrichtung, zurück in die Stadt.
10. Weil der Sheriff das im Rückspiegel beobachtet und er sich dadurch nun seinerseits provoziert fühlt, hält er Rambo erneut an und verhaftet ihn wegen Landstreicherei sowie Waffenbesitz und Widerstand gegen die Staatsgewalt.

Abb 1: Ein wichtiger Dominostein: Rambo wird verhaftet

Die folgenden Repressalien auf dem Polizeirevier treiben Rambo so weit, dass er sich zur Wehr setzt und flüchtet. Daraufhin beginnt eine Verfolgung, die sich in ihrer Intensität immer weiter steigert und bis zum Ende des Films anhält. Ein Polizist stirbt und am Ende fliegt die Tankstelle des Ortes in die Luft. Rambos alter Kompanieführer aus dem Vietnamkrieg schafft es, ihn zum Aufgeben zu überreden. Dann ist der Film vorbei.

Die Geschichte beginnt also mit einem kleinen Dominostein, der alle weiteren Steine nach und nach zum Kippen bringt und die Handlung generiert. Nehmen wir an, die Szene, in der Rambo provokativ über die Brücke zurückwandert (Punkt 9), hätte nicht im Drehbuch gestanden. Dann wäre eine Verhaftung wegen Landstreicherei eine sehr übertriebene Reaktion des Sheriffs gewesen und hätte der Glaubhaftigkeit seiner Motivation als Antagonist (Gegenspieler) sehr geschadet. Außerdem baut der ganze weitere Film auf dieser Verhaftung auf. Wenn man einen Dominostein herausnimmt, wird die Erzählung willkürlich, nicht schlüssig. Man wird als Zuschauer zwar überrascht, aber auf eine beliebige Art und Weise.

Achtung: Der erste Dominostein sollte kein Zufall sein! Rambo wird sich immer zur Wehr setzten - er ist ein Kämpfer. Und der Sheriff wird immer versuchen, für Ordnung zu sorgen - er ist auch ein Kämpfer. Die erste Begegnung zwischen ihnen bringt die beiden explosiven Gemische „nur" zusammen. Der Zufall dieser Begegnung ist eine getarnte Notwendigkeit für die Geschichte.

3 Aktion und Reaktion

Auch innerhalb der Szenen von „Rambo - First Blood" wird fast durchgehend darauf geachtet, dass ein Ereignis das nächste nach sich zieht. Weil Rambo nicht selbst anhalten will (Aktion), muss der Sheriff handgreiflich werden (Reaktion). Und weil er ihn anpackt, wehrt sich Rambo. Und weil er sich wehrt, kann der Sheriff ihn wegen Widerstand gegen die Staatsgewalt verhaften. Grundsätzlich gilt: Wenn in dieser Abfolge der Ereignisse ein Schritt fehlen würde, könnten wir Zuschauer nicht mehr verstehen, was die beiden Streithähne antreibt. Der Zuschauer steigt dann an dieser Stelle innerlich aus dem Film aus.

Wenn man ausschließlich das Ende des Films betrachtet und nur den Moment sieht, in dem Rambo eine Tankstelle in die Luft sprengt, scheint der Protagonist vollkommen durchgeknallt zu sein. Wenn man jedoch den ganzen Weg bis dorthin mitgegangen ist, erscheint einem diese Entwicklung in sich stimmig. Der Film ist in vielerlei Hinsicht gut gemacht: Ein Aspekt ist die hohe Dichte an Kausalität. Besonders in den ersten 15 Minuten gibt es kaum eine Einstellung und kaum eine Körperbewegung der Darsteller, die sich nicht kausal aus der vorherigen ergibt. Aktion und Reaktion werden stets in der Waage gehalten.

Zu Beginn des Films wirkt Rambo sogar passiv, weil er sich einer Reaktion entzieht – so scheint es zumindest. Doch diese Form von Passivität ist ebenfalls eine aktive Handlung. Weil Rambo nicht in einen Konflikt hineingezogen werden möchte, wählt er den Weg des geringsten Widerstands bzw. die Flucht. Auch diese Handlung zieht etwas nach sich – und schon ist eine Kausalität hergestellt. Der Sheriff hat keine andere Wahl als zu reagieren. Entscheidend ist, dass die Aktionen und Reaktionen auch der passiven Figuren nachvollziehbar sind. Grundsätzlich gilt für passive Figuren:

Die Figur sollte ihre Passivität sehr aktiv betreiben!

Die Figuren werden durch Aktion und Reaktion definiert. Als Elitesoldat und Einzelkämpfer ist es Rambos Natur, sich gegen Übergriffe zu wehren. Im Dschungel hätte Rambo den Sheriff mit seinen Fähigkeiten sofort kampfunfähig gemacht, er muss also sein Temperament mächtig zügeln. Deshalb benötigt er auch immer eine Sekunde, um zu reagieren. Für den Polizisten ist sein Verhalten eine Irritation und eine potenzielle Bedrohung. Außerdem: Hier in der Zivilisation verkörpert der Sheriff das Recht und bestimmt die Spielregeln. Das zwingt Rambo dazu, die Provokationen seitens der Polizei widerwillig hinzunehmen. Aber es brodelt in ihm, und er widersetzt sich immer wieder den Anweisungen des Polizisten. Das Widersetzen führt dazu, dass der Polizist Rambo immer härter behandelt, um die Oberhand zu bekommen. Man kann an vielen Szenen des Films erkennen, dass Schritt für Schritt der Konflikt zwischen der Polizei und Rambo angeheizt und gesteigert wird. Jede Aktion zieht eine Reaktion nach sich. In „Stufen der Eskalation" (Kapitel 7) werden wir näher darauf eingehen.

4 Der innere Antrieb

Wie wir bei „Rambo – First blood" sehen können, entsteht die Kausalkette nicht aus einem äußeren Anlass heraus, sondern durch die inneren Antriebe der Figuren. Weil sich Rambo ungerecht behandelt fühlt, setzt er sich zur Wehr. Sein Wunsch ist es, für seine Taten im Vietnam-Krieg nicht mehr diskriminiert zu werden. Als Soldat hat er für sein Land gekämpft, und das Land ist nun undankbar. So treibt sein Gefühl der Ungerechtigkeit die Handlung kausal voran. Das Aufeinandertreffen mit dem Sheriff bringt das alles zum Vorschein, der Konflikt war aber in Rambo bereits von Beginn an enthalten. Dank des Antagonisten wird er jetzt sichtbar.

Dieser innere Antrieb ist, um in der Terminologie von Elisabeth George zu bleiben, nicht der erste Dominostein, sondern die Hand, die den ersten Stein antippt. Und es ist letztlich, um die Metapher noch weiter zu strapazieren, die Gravitation, die alle Steine umfallen lässt.

Eine Figur kann mit Ängsten behaftet sein, so wie Rambo, der ein Trauma in Vietnam erlebt hat. Dieses Trauma hat Konsequenzen für die Handlung, besser gesagt: für sein Handeln. Rambo hat zusätzlich eine spezifische Befähigung: Weil er ausgebildeter Elite-Soldat ist, kann er einen Krieg beginnen und führen. Aber auch andere innere Antriebe können der Geschichte dienen. Hier einige allgemeingültige Beispiele:

Die Hauptfigur....

» fühlt sich einem Glaubenssystem zugehörig: Er glaubt an Gott, Allah, Jehova etc. oder auch daran, dass es keinen Gott gibt.
» hat eine der Todsünden verinnerlicht. Hochmut, Geiz, Wollust, Zorn, Völlerei, Neid, Faulheit.
» hält an Werten fest wie Familie, Freiheit, Ehre, Aufrichtigkeit, Liebe, Schönheit, Freundschaft etc.
» besitzt Tugenden wie Gerechtigkeit, Tapferkeit oder Weisheit.
» hat Mitgefühl oder Phantasie, ist intelligent oder kreativ.
» hat spezifische Begabungen, Fähigkeiten, Talente.

Jeder dieser inneren Antriebe kann dafür sorgen, dass eine Geschichte einen kausaleren Zusammenhang bekommt. Wie bei dem Witz mit dem Rabbi: Dessen Glaube setzt die Handlung in Gang. Auch jeder andere hat Werte, Erfahrungen oder Überzeugungen, die sein Handeln bestimmen.

John Rambo hat ebenfalls Erfahrungen gemacht, die ein direkter Antrieb dafür sind, dass er sich sehr brutal zur Wehr setzt. Zu sehen ist die auslösende Situation in einer kurzen Rückblende. Als die Polizisten sich ihm mit einer Rasierklinge nähern, um seinen Bart zu schneiden, löst das in ihm die Erinnerung aus, wie er als Kriegsgefangener in Vietnam misshandelt wurde. Mit einem Messer, der Rasierklinge ähnlich, wurde ihm damals die Brust aufgeschnitten. Die Erinnerung daran bewirkt, dass er Angst bekommt, panisch reagiert und sich mit einem Fußtritt gegen die Polizisten wehrt. Kampfmodus. Es kommt zur Auseinandersetzung, und Rambo setzt das Polizeipräsidium dabei in Trümmer. Soweit die unmittelbare Folge dieses Flashbacks. Aber er wirkt noch länger nach: er motiviert über diesen Moment hinaus alle weiteren Aktionen, die Rambo unternimmt, um sich zur Wehr zu setzen. Dieser kurze Erinnerungsfetzen hilft zu verstehen, warum Rambo solch eine Haft nicht noch einmal erleben möchte, und wir verstehen, warum er sich zur Wehr setzt. Man bekommt ein Gefühl dafür, warum er in der Kälte, in den Bergen, zwischen den ganzen Ratten, im nassen Tunnel... immer noch Energie hat durchzuhalten, anstatt aufzugeben: Er ist so trainiert. Und innerlich befindet er sich wieder in Vietnam.
Weitere Beispiele für einen inneren Antrieb:

» **Avatar**: Der gelähmte Soldat Jake Sully sehnt sich danach, sich wieder frei bewegen zu können. Dieser Wunsch treibt ihn an und ist der Unterbau für die gesamte Geschichte.

» **Good Bye, Lenin!**: Alexanders Mutter lag beim Fall der Mauer im Koma. Als sie wieder aufwacht, raten die Ärzte ihm, ihr den Schock, dass die DDR nicht mehr existiert, zu ersparen, weil ihr Herz schwach ist. Alexander spielt ihr die DDR also vor. Das Leben der Mutter nicht zu gefährden ist sein Antrieb, der über lange Strecken des Films anhält.

Für uns ist es wichtig, sich über die Motivation der Figur bei der Überarbeitung eines Drehbuchs Gedanken zu machen. Dieser innere Antrieb ist auch für die Schauspieler das Fundament, worauf sie ihre Figur aufbauen. Sie achten besonders stark auf diese Logik und somit die innere Kausalkette der Figur. Die Frage des Schauspielers „Warum macht meine Figur das?" ist dann besser zu beantworten. Im besten Fall stellt sich diese Frage nicht mehr, weil der Sog der Ereignisse alles erklärt.

Bei einer Figur wie James Bond ist diese Antwort nicht so leicht zu geben. Er ist ein Spion, eingesetzt und trainiert vom britischen Geheimdienst, und bleibt als (Privat-) Person geheimnisvoll. Besonders bei älteren Bond-Filmen fragt man sich: Was treibt ihn im Inneren an? Eine befriedigende Antwort darauf erhält man nicht.
Die Filmreihe um den Spion Jason Bourne hingegen beantwortet diese Frage: Er will nach seinem Gedächtnisverlust erfahren, wer er eigentlich ist. Er ist auf der Suche nach der eigenen Identität. Bourne ist also, salopp gesprochen, der bessere Bond. Bei ihm fällt es uns leichter, seinem inneren Antrieb zu folgen.

5 Unerwartete Auftritte

Zusätzlich wird die Welt, in der der Film spielt, dazu genutzt, kausale Verbindungen zwischen Dingen herzustellen, OHNE sie im Film zu zeigen. Das passiert im „Off". In der Mitte des Films

gibt es den ersten (und nicht vorbereiteten) Auftritt von Colonel Trautman, Rambos Vorgesetztem in Vietnam. Obwohl es keine Ankündigung seiner Person gibt, erscheint sein Auftreten uns als Zuschauer absolut logisch und kausal. Denn Rambos Welt, seine Vergangenheit, wurde bereits mehrmals im Film angedeutet: Er will einen befreundeten Soldaten besuchen und erzählt vom Krieg ... Seine Hundemarke, die ihm vom Hals gerissen wird ... Beim Ausziehen sind Rambos Narben zu sehen ... In einer Rückblende sehen wir, wie er gefoltert wird ... Er ist ein Einzelkämpfer ... Er ist ein Sturkopf ... Er ist den angreifenden Polizisten im Kampf überlegen ... .Das alles etabliert eine Welt, in der es selbstverständlich und plausibel ist, dass Colonel Trautman erscheint, um den Konflikt zu entschärfen. Er ist bereits im Figurenuniversum des Films enthalten, ohne dass wir Zuschauer ihn vor seinem Auftritt hätten benennen können. Und da Rambo als Heimkehrer aus dem Krieg keine Familie und Freunde mehr zu haben scheint, ist die Figur des Colonels zusätzlich plausibel: Er ist eine Vaterfigur für Rambo und die einzige / letzte Bezugsperson, die er hat. Im vierten Teil der Filmreihe erzählt Rambo, dass sein Vater vielleicht noch in Arizona lebe. Am Ende des Films, der Krieg ist vorbei, geht er auf ein Haus zu, das vermutlich sein Elternhaus ist. Er besitzt also noch Wurzeln, die sind im ersten Teil jedoch völlig bedeckt. Man versteht erst am Ende der Filmreihe: Die Sehnsucht nach einer Vaterfigur ist in Rambo tief verankert.
Sie müssen also nicht jede Figur, die später im Film auftauchen soll, am Anfang erwähnen, zeigen oder andeuten. Kinder haben Väter, Angestellte haben Vorgesetzte, Sportler haben einen Trainer... Ist das Milieu erzählt, muss man den Auftritt solcher Figuren nicht erklären.

6 Zufälle

Wenn das Umfeld, das Milieu, in dem die Geschichte spielt, für den Zuschauer gut verständlich ist, gibt das dem Autor die Möglichkeit, viele Dinge, die passieren, nicht erklären zu müssen. In einem Krankenhaus ist es beispielsweise normal, dass Patienten mit dramatischen Schicksalen plötzlich zur Tür hereinkommen. Man muss nicht erklären, dass dort Menschen sind, die verbluten können, die Krebs haben, dass es Notfälle gibt. Man muss auch nicht erklären, warum sich Krankenschwestern über den Dienstplan unterhalten oder eine Ärztin unter Stress steht. Das ist im Krankenhaus-Kosmos alles inklusiv.

Auch bei „Dirty Dancing" gibt es eine Szene, die auf den ersten Blick wie ein Zufall wirkt. Die Hauptfigur des Films, Baby, geht abends im Ferienressort spazieren und betritt den Bereich des Camps, zu dem eigentlich nur Mitarbeiter Zutritt haben. In der Ferne ist ein Haus zu sehen, in dem vermutlich gerade eine wilde Party läuft. Sie läuft in diese Richtung und trifft auf dem Weg dorthin Billy, der ziemlich damit zu kämpfen hat, drei Melonen zu tragen. Obwohl Baby hier keinen Zutritt hat, erlaubt ihr Billy ausnahmsweise, mit auf die Party zu kommen. Sie hilft ihm beim Tragen der Melonen und beide betreten die verbotene Zone des „Dirty Dancing". Wir denken, jeder kennt diese Szene.

Abb 2: Ein gut geplanter Zufall: Die Melonen-Szene

Denken wir rückwärts: In der Phase der Drehbuchentwicklung musste sich die Autorin Eleanor Bergstein überlegen, wie sie es schafft, Baby, die ja sehr behütet aufgewachsen ist, in die „dunkle" Welt von Johnny zu bringen. Unter normalen Umständen gibt es keine Berührungspunkte zwischen diesen beiden Welten. Sie sind strikt voneinander getrennt. Die Melonen-Szene schafft aber genau das. Und es wirkt sehr organisch. Warum? Aus mehreren Gründen:

Motivation der Hauptfigur

Baby hat sich bereits am Abend zuvor das Camp angesehen und konnte heimlich ein Gespräch zwischen den Mitarbeitern belauschen. Dort sieht sie zum ersten Mal Johnny. An diesem zweiten Abend ist sie von den Partyspielen der feinen Gesellschaft gelangweilt und läuft wieder im Camp umher, um sich umzusehen. Ob bewusst oder unbewusst: Sie hat vermutlich die Hoffnung, Johnny wiederzusehen. Bereits am Anfang des Films wird Baby als selbstbewusste junge Frau gezeigt. Sie weiß, was sie will. Deshalb übertritt sie die Grenze zur Welt der Mitarbeiter, trotz Verbotsschild. Angst vor Sanktionen scheint sie nicht zu haben.

Motivation der Nebenfigur
Für Melonen-Mann Billy gibt es ebenfalls einen guten Grund, warum er Baby erlaubt, mitzukommen. Beide kennen sich bereits, er hat Baby angeflirtet, als er der Familie half, die Koffer auszuladen. Außerdem ist Billy der Cousin von Johnny. So kann er später einige Dinge über ihn erzählen, und er ist es auch, der die Idee hat, Baby könnte anstelle von Penny tanzen.

Gewählte Situation
Sich in einem Feriencamp umzusehen, ohne konkrete Absichten zu haben, ist normal. Baby befindet sich im Urlaub, sie hat Zeit, will auch mal etwas ohne Familie unternehmen und sucht Abwechslung. Genau dafür sind Ferien erfunden worden. Man muss sinnloses Herumschlendern nicht erklären.

Die Melonen
Die Melonen sind Babys Eintrittskarte für die Party. Diese Requisiten machen in mehrfacher Hinsicht Sinn: Melonen passen zu einer heißen Sommerparty. Drei Stück sind eigentlich zu viel, um sie alleine zu tragen. Da kommt eine helfende Hand von Baby gerade recht.

Der Trick mit der Melone mag wie eine Selbstverständlichkeit klingen. Das liegt auch daran, dass uns die Szene sehr bekannt ist und wir den gesamten Film vor Augen haben. Doch was im Film so selbstverständlich wirkt, ist im Drehbuch und in der Vorbereitung des Films Arbeit. Die Autorin kannte die gedrehte Szene schließlich noch nicht, für sie existierte die Geschichte nur in ihrem Kopf und auf dem Papier. Im Kopf sind die Dinge viel fragiler als später im Kinosaal.

7 Die Welt ist nicht kausal

Die gute Nachricht ist: Die nicht-kausale Erzählweise liegt uns im Alltag viel näher. Wenn man beobachtet, was wir uns im Alltag für Dinge erzählen, dann haben diese selten eine große Stringenz: Man windet sich beim Erzählen, erzählt endlos, bereichert ständig, formt um, verheddert sich in Widersprüchen, löst nicht alles auf, hat kein Thema oder man redet auch Blödsinn. Dieses Mäandern ist notwendig, um auf neue Gedanken zu kommen, seine Gedanken zu sortieren oder sie schlicht jemandem anzuvertrauen, um eine Reaktion zu erfahren.

Das nicht-kausale Erzählen hat viele Namen: episches, episodisches, experimentelles, offenes oder fragmentarisches Erzählen. Und wenn Sie mehr darüber erfahren möchten, dann empfehlen wir Ihnen weiterführende Literatur. Wir möchten den Platz in diesem Buch nutzen, um für Kausalität zu plädieren. Kausalität hat nicht nur praktische Gründe, sie hilft dem Zuschauer auch, sich stärker an die Geschichte zu binden. Durch den Aufbau einer Kausalkette bekommen Geschichten einen Sinn – haben Anfang, Mitte und Ende – und somit eine Beständigkeit, nach der sich der Zuschauer sehnt. Erlebnisse werden komprimiert und erhalten eine höhere Intensität. Eine Form von Einheit entsteht, obwohl wir nur einen Ausschnitt sehen. Dieser kann tragisch oder hoffnungslos enden, aber im Aufbau ergibt alles einen Sinn. Im Alltag haben wir oft das Gefühl, dass das Leben keinen Sinn macht, es ist zu chaotisch und zufällig. Man hat keine wirkliche Kontrolle über sein Leben. Die Kausalität im Film erlaubt es dem Zuschauer, an die eigene Kontrolle und damit auch an die eigene Bedeutung wieder zu glauben.

8 Vier Ebenen der Kausalität

Viele Filmschaffende stehen dem Hinweis, in ihrer Geschichte die Kausalität zu verstärken, skeptisch gegenüber. Sie haben künstlerische Vorbehalte, fühlen sich kreativ eingeschränkt. Oft wird argumentiert, dass man sich Freiheiten bewahren und nicht auf eine Hollywood-Dramaturgie einlassen möchte. Die kommt so vorhersehbar daher. Stattdessen werden Filme als Gegenbeispiele herangezogen, oft europäische Arthouse-Filme von Ingmar Bergman oder Éric Rohmer, die nicht unter dem Verdacht stehen, einer Hollywood-Dramaturgie zu folgen. Doch bei den meisten dieser Beispiele gibt es ebenfalls eine sehr hohe Kausalität. Auch Bergman und Rohmer sind sehr sparsam mit Zufällen umgegangen und haben Filmcharaktere erfunden, die durch einen inneren Antrieb Geschichten auslösen und vorantreiben.
Das zu wissen ist aus unserer Sicht wichtig, denn das „und weil...."-Tool soll ja nicht dabei helfen, Blockbuster zu imitieren, sondern die eigene Geschichte zur Geltung zu bringen.

Kausalität ist für unsere Arbeit ein solch wichtiges Thema geworden, dass wir hier noch einmal kurz zusammenfassen möchten, auf welchen vier Ebenen die Geschichte durch eine hohe Kausalität angeschoben werden kann.

Die **erste Ebene** ist global und hat Auswirkungen auf die gesamte Geschichte. Durch den *inneren Antrieb und die Motivation* sind Haupt- und Nebenfiguren determiniert, wenn sie aufeinandertreffen. Jede Figur ist wie sie ist – ein Unikat mit individuellen Bedürfnissen, Zwängen oder Ängsten, die die Figur auf eine bestimmte Art agieren und reagieren lässt. Die einzelnen Figuren steuern daher in den unterschiedlichsten Situationen oft in eine ähnliche Richtung. John Rambo wird immer zunächst abwarten und beobachten, was um ihn herum passiert. Gleichzeitig hat er gelernt, blitzschnell zu handeln, wenn es notwendig ist. Die Figur eines Psychologen hört immer gut zu, auch privat, aber wenn er einmal etwas zu erzählen hat, wird es auch aus ihm herausplatzen. Eine Frau, die bereits dreimal verheiratet gewesen ist, wird sich direkt in die vierte Ehe stürzen oder aus Enttäuschung von allen Männern Abstand nehmen. Jeder ist auf seine Art vorbestimmt. Das betrifft auch die Nebenfiguren, die ihre eigene Dynamik mit in die Situationen einbringen: Ein eifersüchtiger Ehemann wird immer seiner (dramaturgischen) Bestimmung als eifersüchtiger Ehemann folgen.

Die **zweite Ebene** betrifft die drei Akte einer Geschichte. Diese sind, vereinfacht gesprochen, die alte Welt (1. Akt), der Umbruch (2. Akt) und die neue Welt (3. Akt). Und diese drei Phasen bauen ebenfalls aufeinander auf: Es kann keinen Umbruch geben, ohne dass eine alte Welt existiert hat. Und im Umbruch hat man das Bedürfnis, eine neue Welt zu errichten.

Die **dritte Ebene** bedeutet: Jede Szene schiebt die nächste an.

Und in der **vierten Ebene** baut jede Geste und jeder Satz innerhalb einer Szene aufeinander auf.

Wir möchten an dieser Stelle ausdrücklich *nicht* das Gestalten von Dialogen vertiefen. Für den Zuschauer ist der Dialog zwar eines der Dinge, die er am stärksten wahrnimmt, aber er ist nicht das wichtigste Element bei der Herstellung eines Drehbuchs. Nach unserer Erfahrung sind Dialoge ein Indikator dafür, ob die richtigen Figuren in die richtigen Situationen geworfen wurden und sich dadurch eine hohe Zwangsläufigkeit

in der Handlung entwickelt: Fällt es schwer, Dialoge zu schreiben, ist die Vorarbeit, zum Beispiel die Recherche oder Figurenentwicklung, meist noch nicht beendet.
Es fühlt sich am Ende eines Arbeitstages an einem Drehbuch wesentlich besser an, wenn man zehn Seiten Dialog geschrieben hat, als wenn man nur über strukturelle Dinge nachgedacht hat. Aber: Aus Dialogen lässt sich sehr schlecht Handlung erschaffen. Oft fühlt es sich aber an, als hätte man Handlung geschrieben. Das ist trügerisch.

Auch in zahlreichen Sitzungen mit Redakteuren, Produzenten, Autoren und Regisseuren wird viel Zeit verwendet, um über Dialoge zu diskutieren, obwohl sie nicht der wichtigste Bestandteil des Drehbuchs sind. Die Handlung bleibt bei Dialoganpassungen meist dieselbe. Das Verhältnis der Figuren und ihre Konflikte miteinander ebenso. In solchen Diskussionen besteht häufig die Tendenz, Strukturelles mit Hilfe des Dialogs zu erklären oder Emotionen zu verdeutlichen. Der Dialogsatz „Du siehst aber traurig aus" ist überflüssig, wenn man eine Szene geschaffen hat, die das von sich aus zum Ausdruck bringt. In Kapitel 4 „Nebenfiguren sind wichtiger als die Hauptfigur" gehen wir auf diese Herausforderungen genauer ein.

Eine stringente Kausalität hat auch Auswirkungen auf den Prozess im Schneideraum. Bauen die einzelnen Szenen oder Wendepunkte innerhalb einer Szene stark aufeinander auf, lässt sich das Schnitt-Tempo erhöhen. Besonders bei einer Komödie kann das von Vorteil sein. Aber auch das Gegenteil ist der Fall: Sie können den Rhythmus des Films entschleunigen, weil der Zuschauer gespannt bleibt, wie es weitergeht und welcher Dominostein als Letztes umkippt. Etwas Besseres kann Ihnen nicht passieren.

CHECKLISTE

- » Sind die Szenen Ihres Drehbuchs mit „Und weil..." verbunden?
- » Gibt es Zufälle in Ihrer Geschichte? Oder sind es versteckte Notwendigkeiten?
- » Versteht der Zuschauer in jedem Moment die Aktion und Reaktion der Figuren?
- » Ist die Kausalkette an den inneren Antrieb der Figur gekoppelt? Mit welchen Werten geht Ihre Figur in die Geschichte hinein?
- » Ist das Auftauchen anderer Figuren im „Off" vorbereitet worden?

2. DIE ZWEITE GESCHICHTE

Wer will schon einen Film sehen, in dem über tausend Menschen auf der „Titanic" leidvoll sterben?
Die Kollision mit dem Eisberg: Das ist die *erste* Geschichte.
Der Autor und Regisseur James Cameron hatte für seinen Film eine einfache Logline: „Romeo und Julia auf der Titanic". Zwei Menschen aus unterschiedlichen Gesellschaftsschichten überwinden diese Schranken und finden zusammen, gegen alle Widerstände. Im Angesicht des Todes gestehen sich beide ihre Liebe. Die Hauptfigur Rose lernt, was Leben und Liebe bedeutet. Erst diese *zweite* Geschichte macht den Film so herzzerreißend.

Mit der zweiten Geschichte meinen wir das, was unterhalb des Plots erzählt wird, den emotionalen Unterbau. Für die meisten Filmschaffenden ist es einfacher, die erste Geschichte zu konzipieren. Die zweite Geschichte hingegen hat es immer schwerer, in der Konzeptionsphase die gleiche Aufmerksamkeit zu erhalten. Dabei ist es nach unserer Erfahrung existenziell, diese Substruktur zu kennen und zu lenken.

In dem Film „Ziemlich beste Freunde" geht es an der Oberfläche darum, dass ein charmanter Krimineller, der aus armen Verhältnissen kommt, Pfleger eines Millionärs wird.
Die zweite Geschichte bindet uns jedoch stärker an die Figuren als die Handlung selbst: Der Kriminelle Driss überwindet im Laufe des Films seine Ichbezogenheit, wird sensibel für andere und übernimmt Verantwortung für seine Familie und später

auch für sich selbst. Der Drehbuchautor Wolfgang Kirchner nennt diesen Unterbau auch „die Geschichte in der Geschichte". Weitere Beispiele:

» Schafft es der Filmstar Anna Scott in **Notting Hill** zu ihrer Liebe zum „Bürgerlichen" William Thacker zu stehen? Anna muss dafür die Komfortzone ihres Ruhms verlassen. Sie erkennt, dass auch sie, eine Frau, die alles hat, für die echte Liebe hart kämpfen muss.
» In **Dirty Dancing** wird unterhalb der Oberfläche die Frage erörtert: Wie schafft Baby die Emanzipation von ihrem Vater und damit einen großen Schritt Richtung Erwachsenwerden? Ohne diese „Coming of Age"-Geschichte wäre „Dirty Dancing" nur ein Tanzfilm.
» In **Rambo** läuft ein Kriegsheld Amok. Der Film handelt jedoch auch von einem Mann, der sich nach Anerkennung sehnt, sich ausgestoßen und alleine fühlt.

Solche Subgeschichten zu haben, ist von entscheidender Bedeutung. Je länger der Film andauert, umso wichtiger sind sie. Die zweite Geschichte entscheidet, ob der Zuschauer im zweiten Akt des Films noch mitfiebert oder sein Interesse verliert. Wie findet man solche Geschichten? Um diese Frage zu beantworten, müssen wir über menschliche Bedürfnisse sprechen und werden eine Beobachtung aus der Psychologie zweckentfremden. Doch zuerst möchten wir Ihnen unseren Freund Peter vorstellen. Er ist der ...

1 Marathonmann

Peter ist ein ehrgeiziger Sportler. Er trainiert jeden Tag für den nächsten Marathonlauf. Sein Ziel: Erster werden!

Tags WANT NEED Bedürfnispyramide

Er verfolgt dieses Ziel sehr obsessiv. Neben seinem Job als Bankangestellter opfert er viel Zeit und Geld für seinen Plan. Sein Traum: auf dem Treppchen stehen! Das wäre das schönste Erlebnis seines Lebens! So ein Ziel nennt man WANT. Dass eine Figur ein Ziel hat, ist Antrieb für den Plot unzähliger Geschichten. Jeder Autor weiß das.

WANT

Im Film sehen wir Peter dabei zu, wie er sich intensiv auf den Wettkampf vorbereitet, und wir drücken ihm dabei ganz fest die Daumen. Doch die Anteilnahme des Zuschauers kann bei einem WANT schnell verpuffen. Dabei zuzusehen, wie Peter im Fitnessstudio trainiert, auf Alkohol verzichtet, sich die besten Vitaminpillen besorgt oder Rendezvous absagt – das kann seinen erzählerischen Reiz schnell verlieren, denn sportlicher Ehrgeiz ist etwas Schönes, doch es gibt Wichtigeres im Leben. Wird er nur Zweiter, geht die Welt auch nicht unter – und wenn doch, dann nur für ein paar Tage.

NEED

Damit der Zuschauer dauerhaft Anteil an Peter nehmen kann, benötigt er ein zusätzliches inneres Bedürfnis, ein NEED. Es beschreibt, worum Peter EIGENTLICH kämpft – eine Subebene der Figur, die aber im Film sehr konkret auftauchen sollte. Peter könnte zum Beispiel um die Anerkennung des Vaters kämpfen. Beide sind seit langer Zeit im Streit miteinander. Sein Vater findet, dass Peters großer Bruder viel mehr aus seinem Leben gemacht hat. Auf ihn ist er stolz, auf Peter nicht. Er hält ihn für faul und hatte eigentlich andere Pläne für seinen Sohn: in die Politik gehen, eine Firma führen, das würde dem Vater gefallen. Schließlich ist der Vater selbst erfolgreicher Manager eines Sportvereins gewesen. Dass sein Sohn nur Angestellter in einer Bank ist, hat für ihn keinen Wert. Mit einem Sieg beim Marathon könnte Peter seinem Vater endlich zeigen, was in ihm steckt: ein Gewinner. Da sein Vater in Jugendjahren auch Läufer war, würde er den Sieg sicherlich wertschätzen. Es ist *die* Gelegenheit für Peter, auf sich aufmerksam zu machen, und endlich die Anerkennung des Vaters zu bekommen.

Nehmen wir an, Peter wird tatsächlich Erster und sein Vater ist stolz darauf, dann entspinnt sich dadurch ein noch tieferes Need mit der Frage: Muss Peter tatsächlich Erster werden, um die Liebe seines Vaters zu erhalten? Sollte ein Vater sein Kind nicht bedingungslos lieben und auf die Entwicklung dessen Persönlichkeit Wert legen? Wenn man die Antworten auf diese Fragen zuende denkt, kommt man zu dem Schluss, dass sich Peter von seinem Vater emanzipieren müsste.

Wichtig: Das Erreichen des Ziels (Erster werden) ist das falsche Mittel, um die tatsächlichen Bedürfnisse zu befriedigen, aber das richtige filmische Mittel, um zu zeigen, was wirklich wichtig ist.

Peter wird am Ende des Tages erkennen, dass er nie wieder einen Marathon laufen wird, nur um die Anerkennung seines Vaters zu bekommen. Vermutlich geht Peter in Zukunft selbstbewusster mit seinem Vater um, und damit stellt sich der erzählte Prozess als letzter Akt des Erwachsenwerdens für Peter heraus.
Wichtig ist dabei, dass zu Beginn der Handlung das NEED für den Zuschauer nur angedeutet – nicht ausgesprochen – und von der Hauptfigur nicht bewusst empfunden wird. Das NEED ist also eine Entdeckung der Figur im Laufe des Films. Sehr oft passiert diese Entdeckung in der Mitte des Films. Das NEED zu befriedigen ist ein großer Kampf und verändert Figuren wesentlich. Diese Entwicklung beginnt jedoch häufig mit dem Gegenteil: Die Figur läuft dem falschen WANT hinterher. In Peters Fall: den Marathon gewinnen.
Doch umsonst war der Marathonlauf für ihn nicht. Nur durch diesen Aufwand konnte er erkennen, was er wirklich im Leben braucht.

Ein gutes Beispiel für das Verhältnis von WANT und NEED ist der Film „Magnolia". Auch hier geht es um eine gestörte Beziehung zwischen Vater und Sohn. Frank T. J. Mackey, gespielt von Tom Cruise, ist erfolgreicher Motivationstrainer, der mitreißende Shows liefert und die Rolle des perfekten Manipulators auf der Bühne spielt. Er gibt Männern Tipps, wie man Frauen aufreißt und männliches Selbstbewusstsein aufbaut. Sein Vater Earl Partrigde hat die Familie verlassen, als Frank ein kleiner Junge war, und seitdem gibt es zwischen beiden keinen Kontakt mehr – nur noch Hass. Als der Vater im Sterben liegt, ist es sein letzter Wunsch, seinen Sohn noch einmal zu sehen. Es folgt eine lange Suche nach Frank. Schließlich wird er gefunden. Es fällt Frank schwer, aber am Ende des Films kehrt er zurück in sein Elternhaus an das Sterbebett seines Vaters. Für ihn die schmerzhafteste Erfahrung seines Lebens.

Der Film hat verschiedene Erzählstränge und viele Figuren. Eine klassische Hauptfigur sucht man vergebens. Doch die Figur Frank T. J. Mackey ist die wichtigste. Alle Figuren in „Magnolia" erleben einen schweren Tiefpunkt, aber Frank ist der Einzige, der seinen Tiefpunkt *überwindet* - er geht zu seinem Vater, den er verachtet und hasst, zurück. Alle anderen Figuren dieses Films überwinden diesen Tiefpunkt nicht: zum Beispiel die Frau, deren Mann gesteht, dass er die gemeinsame Tochter missbraucht habe. Sie schickt ihn zum Teufel. Eine Verarbeitung dieses schrecklichen Ereignisses beginnt bei ihr erst an dieser Stelle. Die Auseinandersetzung wird jedoch nicht mehr im Film gezeigt.
Daher ist es wichtig, sich bei der Drehbuchüberarbeitung zu fragen: Wie und wann erkennt Frank, dass er dem falschen Ziel nachgelaufen ist? Was für Konsequenzen ergeben sich daraus? Wird er sich für das NEED entscheiden? Am Anfang der Handlung war Frank jemand, der die Massen verzaubern konnte, am Ende sitzt er am Sterbebett seines Vaters und ist wieder ein kleiner Junge, ein Sohn. Er hat bei den falschen Menschen um Zuneigung und Liebe gekämpft und muss jetzt schmerzhaft lernen, seinem Vater und sich selbst zu vergeben. Was er auch tut, obwohl es die Hölle für ihn ist. Dadurch erfüllt er sein NEED.
Wichtig ist: Ein Wandel kann nur passieren, wenn die Figur überhaupt ein NEED hat. Ein WANT allein reicht nicht aus. Ers-

ter im Marathon zu werden, nur um Erster zu werden, ist einfach kein guter Grund. Wir wollen als Zuschauer spüren, was eigentlich dahintersteckt. Und wo findet man solche zweiten Geschichten? Hier:

2 Die Bedürfnisse des Menschen

Der amerikanische Psychologe Abraham Maslow forschte in den 1950er-Jahren über menschliche Bedürfnisse und entdeckte, dass man ihnen eine Rangordnung geben kann. Hierzu teilte er die Bedürfnisse in mehrere Stufen ein. Er visualisierte seine Forschungsergebnisse in einer Pyramide, die als „Bedürfnispyramide" bekannt geworden ist und in vielen Zusammenhängen immer wieder zu den unterschiedlichsten Zwecken zitiert wird. Die Pyramidenform wurde gewählt, um zeigen zu können, dass die Bedürfnisse von uns Menschen einer Rangordnung folgen: Erst wenn die Bedürfnisse der untersten Stufe gestillt sind, strebt der Mensch nach Bedürfnissen der nächsten Stufe. Werfen wir einen Blick auf diese Pyramide. Sie liest sich logischerweise von unten nach oben.

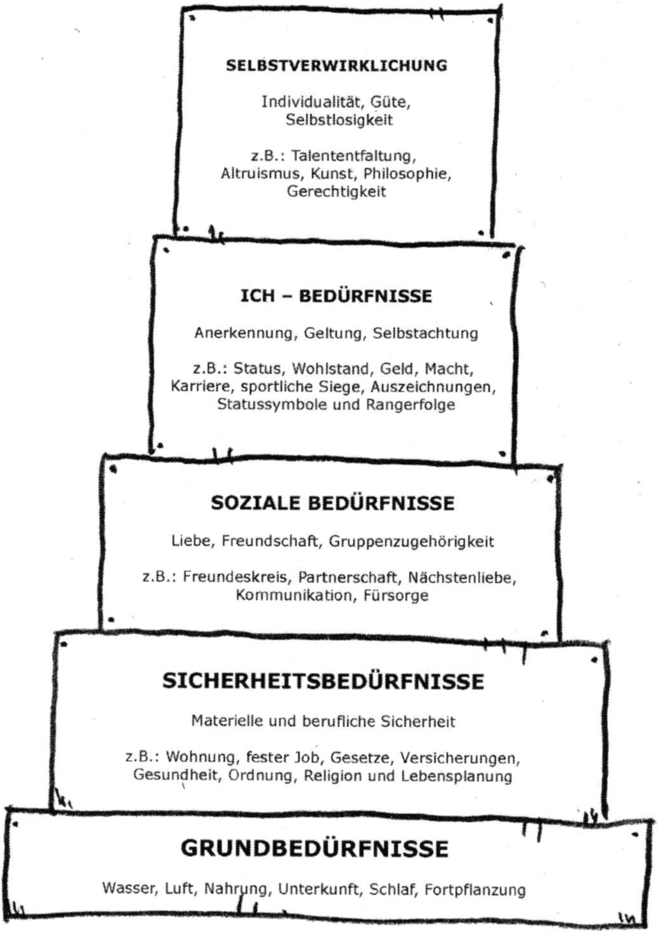
SELBSTVERWIRKLICHUNG
Individualität, Güte, Selbstlosigkeit
z.B.: Talententfaltung, Altruismus, Kunst, Philosophie, Gerechtigkeit
ICH – BEDÜRFNISSE
Anerkennung, Geltung, Selbstachtung
z.B.: Status, Wohlstand, Geld, Macht, Karriere, sportliche Siege, Auszeichnungen, Statussymbole und Rangerfolge
SOZIALE BEDÜRFNISSE
Liebe, Freundschaft, Gruppenzugehörigkeit
z.B.: Freundeskreis, Partnerschaft, Nächstenliebe, Kommunikation, Fürsorge
SICHERHEITSBEDÜRFNISSE
Materielle und berufliche Sicherheit
z.B.: Wohnung, fester Job, Gesetze, Versicherungen, Gesundheit, Ordnung, Religion und Lebensplanung
GRUNDBEDÜRFNISSE
Wasser, Luft, Nahrung, Unterkunft, Schlaf, Fortpflanzung

Tags WANT NEED Bedürfnispyramide

Obwohl die Bedürfnispyramide als Modell innerhalb der Psychologie und Soziologie als nicht ausreichend kritisiert wird, müssen wir dem Autor grundsätzlich Recht geben: Ganz instinktiv verstehen wir, dass es grundlegend für den Menschen ist, essen, trinken und atmen zu können. Wem drücken wir in einem Film mehr die Daumen: jemandem, der sich vor dem Ertrinken retten muss, oder jemandem, der um seinen Job kämpft? Um diesen Qualitätsunterschied geht es.
Befindet sich Ihre Hauptfigur mit ihren Problemen/Zielen an der Spitze der Bedürfnispyramide, verfolgt sie also die Selbstverwirklichung, fiebern wir Zuschauer nicht sonderlich mit, weil das Erreichen des Ziels zu egoistisch wirkt.

3 Die Mitte der Bedürfnispyramide

Das NEED, welches die Figuren stillen müssen, liegt meist in der Mitte der Bedürfnispyramide – bei den sozialen Bedürfnissen. So ist oft das NEED familiär verankert, in den Beziehungen zwischen Vater-Sohn, Mutter-Tochter, Vater-Tochter, Mutter-Sohn, Geschwister, Mann-Frau, Großeltern-Enkel, etc.
Oft gibt es Stellvertreter der Vater/Mutter/Sohn/Tochter-Figuren. Wenn sich in „Million Dollar Baby" der Boxtrainer Frank entschließt, eine Boxerin bei sich aufzunehmen, dann geht es hier im Kern ebenfalls um ein Vater-Tochter-Verhältnis. Sie ist die „Stellvertreterin" für die leibliche Tochter, die den Kontakt zu ihrem Vater abgebrochen hat. Darunter leidet er und versucht eine Art der Wiedergutmachung mit seiner „neuen" Tochter Maggie, dem „Million Dollar Baby".

Zusammengefasst: Das WANT ist das, was Ihre Figur haben will, zumindest an der Oberfläche. Das NEED ist das, was Ihre Figur wirklich braucht. Es ist ein Bedürfnis, welches sie bewusst oder unbewusst stillen will beziehungsweise muss. Nur auf den ersten Blick scheint das NEED wichtiger, weil es den Anschein von Tiefe und Substanz hat. Doch WANT und NEED gehen Hand in Hand und bedingen einander. Wenn Sie nicht erzählen wie verbissen Peter den Marathon gewinnen will, dann gibt es keinen Verlauf für die Handlung, anhand derer Sie die Geschichte hinter der Geschichte (zum Beispiel die Emanzipation vom Vater) erzählen können. Vereinfacht gesagt ist die zweite Geschichte die Geschichte des NEEDS. Gewinnen-Wollen gehört zu den Ich-Bedürfnissen und steht in der Bedürfnispyramide weiter oben. Der Kampf um die Liebe seines Vaters hingegen gehört zu den sozialen Bedürfnissen in der Mitte der Pyramide. Wie erwähnt: Die meisten NEEDS in Filmen sind dort verortet.

Nur die Kombination von WANT und NEED hilft dabei, die Geschichte vielschichtig zu gestalten. Rauben Sie Ihrer Hauptfigur auch noch das Essen, Trinken oder den Schlaf oder lassen Sie die Figur dauernd in Lebensgefahr schweben, dann können wir gar nicht anders als mitzufiebern. Die amerikanische Serie „The Walking Dead" zelebriert das besonders extrem: Die Hauptfiguren kämpfen in ihrer postapokalyptischen Welt ständig um das nackte Überleben. Ihre Gegner sind gefährliche Zombies, die überall auftauchen können. Diese gefährliche Welt macht den Existenzkampf zur natürlichen Spannungsgrundlage für die ganze Serie. Das nackte Überleben ist das Ziel der Protagonisten, damit sie endlich ihre Grundbedürfnisse befriedigen können. Die Serie wäre aber nicht so erfolgreich, wenn die NEEDS nicht so mächtig wären. Es sind die sozialen Bedürfnisse aus der Mitte der Pyramide – Liebe, Freundschaft und Gruppenzugehörigkeit –, wonach sich die Protagonisten hier sehnen. Dabei ist ständig ein Mitglied der Gruppe oder der eigenen Familie in Gefahr, von Zombies gebissen zu werden.

Tags WANT NEED Bedürfnispyramide

Damit steht der Zusammenhalt permanent auf dem Spiel. Die Sehnsucht nach Geborgenheit und Normalität ist für die Protagonisten das höchste Gut. Sie werden keine Figur im Kosmos von „The Walking Dead" erleben, die nach Selbstverwirklichung strebt. Für diesen Luxus ist kein Platz.
Diese Erkenntnis mag selbstverständlich klingen, doch unserer Erfahrung nach konzentrieren sich Autoren und Regisseure zu häufig darauf, ihrer Hauptfigur ausschließlich einem WANT hinterherlaufen zu lassen. Dabei ist es egal, ob das Ziel die Selbstverwirklichung ist, oder in einem Land voller Zombies ums Überleben zu kämpfen. Machen Sie diesen Fehler nicht. Das wird auf Dauer langweilig. Fragen Sie sich lieber, ob Sie eine zweite Geschichte haben und diese in der Mitte der Bedürfnispyramide – d.h. bei den sozialen Bedürfnissen – verankert ist. Seien Sie ehrlich dabei. Das NEED ist dafür verantwortlich, dass der Zuschauer berührt wird.

Sehr häufig werden Geschichten entwickelt, die eine wohlhabende, erfolgreiche Hauptfigur haben. Im Laufe der Geschichte soll diese Figur dann (in der zweiten Geschichte) lernen, was es bedeutet, existenzielle Sorgen zu haben oder – wie der Millionär Edward Lewis in „Pretty Woman" – soll sie die oberflächliche Welt verlassen, um zu erfahren, was echte Liebe bedeutet.
Hätte man die Geschichte, wie sich ein Millionär in eine Prostituierte verliebt, ausschließlich aus seiner Sicht erzählt, wäre es schwerer geworden, die Empathie des Zuschauers zu gewinnen. Denn dieser Mensch hat alles! Sein Bedürfnis nach echter Liebe wäre für die meisten Zuschauer zwar eine nette Idee, aber da er bereits alles im Leben hat, wäre die Liebe nur das Sahnehäubchen und die Geschichte vorhersehbar. Aus diesem Grund hat man die Erzählperspektive der Prostituierten eingeflochten. Sie kämpft noch um gesellschaftliche Anerkennung

und finanzielles Auskommen. Mit ihr mitzufiebern ist für uns als Zuschauer einfacher.
Gehen wir etwas näher auf die Ziele der beiden Figuren ein. Wenn wir uns die Figur von Edward genauer anschauen, hat Edward das Ziel, ein Milliardenunternehmen aufzukaufen. Dieses Ziel liegt in der Bedürfnispyramide sehr weit oben. Da er bereits Geld im Überfluss besitzt, gibt es eigentlich keinen Grund für uns Zuschauer ihm zu wünschen, seinen Reichtum weiter zu vergrößern. Aber Edward spürt im Laufe der Geschichte, dass dieses Ziel ihn nicht zu einem glücklicheren Menschen machen wird. Er sehnt sich danach, lieben zu können und geliebt zu werden. Für ihn ist das besonders schwer zu erreichen, weil er immer damit rechnet, von Frauen seines Geldes wegen geliebt zu werden. Das macht ihn misstrauisch. Sein Ziel als Unternehmer ist es, Unternehmen aufzukaufen und mit Gewinn wieder zu verkaufen. Das hat er bereits oft mit finanziellem Erfolg getan. Doch stellt sich dieser harte Weg als Unternehmer als die falsche Möhre heraus, der er bislang hinterhergelaufen ist.
Vivians Ziel ist das Gegenteil: Sie benötigt dringend Geld, um ihre Wohnung nicht zu verlieren. Das, was Edward im Überfluss hat, braucht sie am dringendsten. Ihr Bedürfnis nach finanzieller Sicherheit und dem Erhalt ihrer Wohnung ist für den Zuschauer die spannendere Perspektive. Doch auch dieses Ziel würde irgendwann langweilen, wenn sich dieses WANT nicht verändert.
An sich ist es egal, wo das WANT angesiedelt ist. Ob oben (Edward) oder weiter unten (Vivian) in der Bedürfnispyramide. Man sollte nur wissen, ob man von oben oder von unten startet. Hauptsache, die beiden Figuren erkennen ihr NEED im Laufe der Zeit und treffen sich in der Mitte der Bedürfnispyramide. Im Fall von "Pretty Woman" haben beide jemanden gefunden, der den anderen so liebt wie er ist, beide sich

vertrauen können und am Ende des Films auch zueinander stehen können.

4 Die Hauptfigur hat alles erreicht

Es gibt weitere Filme, bei denen die Ziele der Hauptfiguren ganz oben in der Bedürfnispyramide zu finden sind. In Filmen wie „The Game", „Der Pate" oder „The King's Speech" besitzen die Protagonisten eigentlich alles, was man zu seinem Glück braucht: Nahrung, Häuser, Geld, Einfluss ... Wir fiebern aus anderen Gründen mit: Wird die Hauptfigur alles verlieren? Hier folgt man als Zuschauer der Figur, die am meisten zu verlieren hat und damit in der Bedürfnispyramide abzustürzen droht. Entwickeln Sie zurzeit ein Drehbuch, in dem die Hauptfigur alles erreicht hat und sich mit seinen Bedürfnissen oben in der Pyramide befindet? Dann haben Sie die Möglichkeit, die Hauptfigur im Handlungsverlauf in Angst zu versetzen.

Angst vor dem...
- » Verlust der Familie oder einzelner Mitglieder
- » Verlust des eigenen Lebens
- » Verlust der Gesundheit
- » Verlust der Gemeinschaft / des sozialen Umfelds
- » Status- oder Gesichtsverlust

... und vielem anderen mehr.

5 Perspektivierung

Wie erwähnt: Bei Geschichten mit *zwei* Hauptfiguren, deren Bedürfnisse sich oben bzw. unten in der Pyramide befinden, empfehlen wir, die Sicht der Figur einzunehmen, deren Be-

dürfnisse weiter unten zu finden sind. Die andere Figur stellt nun das Ziel für die Hauptfigur dar (Beispiele: „Ziemlich beste Freunde", „Pretty Woman", „Notting Hill", „Fack ju Göhte", „Avatar"). Auch bei „Titanic" wird aus der Sicht derjenigen Figur erzählt, deren Bedürfnisse elementarer sind: Rose fühlt sich in der Welt der Reichen so gefangen, dass sie sich das Leben nehmen will. Von diesem Tiefpunkt aus kann es für Rose nur wieder nach oben gehen.
Es gibt natürlich auch Filme, in denen die Bedürfnisse der Hauptfigur oben in der Pyramide zu finden sind, was einer Hauptfigur eigentlich schadet, weil sie bereits alles Wichtige im Leben erreicht hat. Doch es gibt Ausnahmen. Der Trick ist, die Geschichte noch stärker aus dieser Sicht zu erzählen: „Dirty Dancing" ist zum Beispiel so stark aus Babys Sicht erzählt, dass die Probleme der anderen Figuren nicht die Möglichkeit haben, vollständig zur Geltung kommen.

» Johnny ist ein aus der Unterschicht stammender Tanzlehrer und eigentlich immer pleite.
» Johnnys Tanzpartnerin Penny wird durch eine unsachgemäße Abtreibung lebensbedrohlich verletzt. Ihre Geschichte wird allerdings so sehr in den Hintergrund gerückt, dass wir nie echte Angst um ihr Leben haben.

Es gibt somit kaum Szenen, die auf Probleme der Protagonisten in der unteren Hälfte der Bedürfnispyramide hinweisen. Babys Sicht ist so dominant, dass Johnny für sie (und damit auch uns) wie ein Prinz – der Tanzprinz – erscheint. Zwar steht er mit seinen finanziellen Problemen und dem Bedürfnis Geld verdienen zu müssen ganz eindeutig in der Pyramide unter ihr und ist an sich die spannendere und ambivalentere Figur, doch aus Babys Sicht ist er perfekt, mit ihm zusammen zu sein hat sie sich zum Ziel gesetzt. Sie lässt sich auf ihn ein,

lernt von ihm tanzen und entdeckt ihre Sexualität. Sie erkennt ihren eigenen Wert, ihr Potenzial. Aus Baby wird eine Frau. Sie erlebt die größte Veränderung.
Diese Entwicklung war der Autorin die Wichtigste, vermutlich, weil Eleanor Bergstein diese Geschichte aus dieser Sicht selbst erlebt hat.

6 Achtung Nebenfiguren

Trifft in Ihrer Story der Protagonist auf eine Nebenfigur, deren Bedürfnis in der Pyramide weiter unten steht, ist Vorsicht geboten. Sie könnte der Hauptfigur die Show stehlen, genau genommen die Empathie des Zuschauers. Die Figur, die grundlegendere Bedürfnisse hat, ist oft der eigentliche Protagonist. Zumindest sollte sie es sein. In vielen Filmen wird das nicht beachtet. Manchmal unbeabsichtigt, manchmal ganz bewusst. Wenn beispielsweise in der Geschichte von Peter, der einen Marathon gewinnen will, eine Frau auftauchen würde, deren Kind an Krebs erkrankt ist, würde unsere Empathie sofort auf ihre Seite wechseln.
Sollten Sie beim Lesen Ihres eigenen Drehbuchs also bemerken, dass Sie die Nebenfigur plötzlich mehr interessiert als die Hauptfigur, so ist das kein Weltuntergang, sondern nur der Hinweis zu überprüfen, ob Sie in Ihrer Geschichte eine andere Erzählperspektive einnehmen sollten. Das hat oft zur Folge, dass man sein Drehbuch komplett umschreiben muss, aber solange noch kein Casting gemacht oder Fördergelder geflossen sind, hat man ja noch alle Freiheiten. Man sollte sie nutzen – sie sind das Beste für den Film.
Falls Sie diese Freiheit nicht haben und bei der Fertigstellung des Drehbuchs zeitlich unter Druck stehen, gibt es drei Dinge, die man mit weniger Aufwand verändern kann:

- Die Hauptfigur stärker subjektivieren.
- Die interessantere Nebenfigur in den Hintergrund drängen.
- Die Nebenfigur streichen.

7 Ein NEED finden

Wenn eine Figur bereits ein gutes NEED hat, ist das wunderbar. Meistens ist man bei der Entwicklung eines Drehbuches jedoch noch auf der Suche – und dabei kann man sich helfen lassen.
Wir haben eine Liste entworfen, an der man sich orientieren kann. Schauen wir uns einen perfekten Menschen an. Er hat folgende Eigenschaften:

- Er kann Liebe geben und nehmen.
- Er hat Vertrauen zu sich und zu anderen.
- Er ist offen und kann Gefühle zulassen.
- Er hat Respekt vor sich und vor anderen.
- Er fühlt sich zugehörig (zu einer Gemeinschaft).
- Er spürt Anerkennung für sich selbst und für andere.
- Er kann Verantwortung übernehmen. Für sich und andere.

Die meisten Hauptfiguren haben jedoch Defizite – ihnen fehlen elementare Eigenschaften, um als Mensch vollständig zu sein. Sie sind deshalb bewusst oder unbewusst auf der Suche danach, ...

- ... Liebe geben und nehmen zu können.
- ... sich selbst und anderen zu vertrauen.
- ... offen zu sein und Gefühle zuzulassen.
- ... respektvoll mit sich selbst und anderen umzugehen.

» ... sich einer Gemeinschaft / Familie zugehörig fühlen.
» ... für sich und andere Anerkennung zu spüren.
» ... für sich und andere Verantwortung zu übernehmen.

Deshalb gestalten wir Figuren nicht als perfekte Menschen, sondern klauen ihnen zentrale Eigenschaften, die sie im Laufe des Films zu erreichen versuchen. Manchmal ist auch schon der Weg das Ziel. Verbinden Sie das konkrete WANT mit einem konkretem NEED aus der Mitte der Bedürfnispyramide. Mit diesem Zusammenspiel lässt sich eine Figur gut entwickeln.

8 Ein NEED strukturieren

Um zu überprüfen, ob sich in Ihrer Geschichte tatsächlich eine Überwindung des inneren Konflikts schrittweise entwickelt, empfehlen wir, nur den persönlichen Wandel der Hauptfigur aufzuschreiben und zwar nach dem Modell von Frank Daniel. Dieses Modell beschreibt die Struktur eines Films in acht Sequenzen, aufbauend auf den „herkömmlichen" drei Akten einer Erzählung. Dabei ist jede Sequenz zwischen 10 bis 15 Minuten lang.

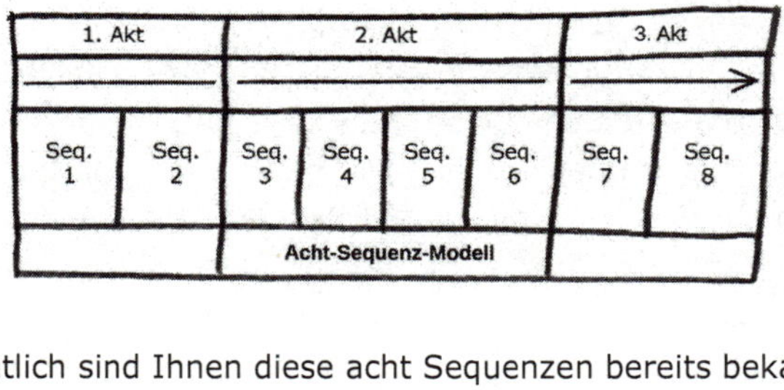

Vermutlich sind Ihnen diese acht Sequenzen bereits bekannt. In dem Buch „Schreiben für Film und Serie. Drehbücher selbst entwickeln" von Benjamin Benedict werden die einzelnen Phasen ausführlich und lehrreich zusammengefasst. Wir werden an dieser Stelle nicht ins Detail gehen, denn uns liegt etwas anderes am Herzen: Da alle populären Filme auf diese Art strukturiert sind, gibt es beim Zuschauer bereits ein ausgeprägtes Gespür für diese acht Sequenzen, auch wenn sie meist nicht bewusst wahrgenommen werden. Daher empfehlen wir, die innere Entwicklung ebenfalls in acht Schritten zu gestalten. Dadurch ist klar: Jede Sequenz benötigt einen Erkenntnismoment für die Hauptfigur. Wenn man nur sieben Entwicklungsphasen hat, kann das zu wenig sein.

Um die zweite Geschichte, die Geschichte des NEEDS, zu strukturieren, gehen wir auf die Handlung nicht intensiv ein, sondern betrachten nur, was unterhalb der Handlung passiert. Denn oft wird in der zweiten Geschichte die Entwicklung der Figuren besser sichtbar. Hier zum Beispiel anhand des Films „Ziemlich beste Freunde".

Inhalt: Das charmante Großmaul Driss wurde vor kurzem aus dem Gefängnis entlassen. Um Arbeitslosengeld beziehen zu können, benötigt er den Beleg, dass er sich um Arbeit bemüht hat. Deshalb nimmt er halbherzig an einem Bewerbungsgespräch teil. Es geht um die Stelle als Pfleger für den reichen Philippe, der seit einem Sportunfall querschnittsgelähmt ist. Ein echtes Interesse am Schicksal des Mannes im Rollstuhl hat er nicht, er will nur den Beleg, dass seine Bewerbung abgelehnt wurde und dann schnell wieder weg. Doch Philippe findet Gefallen an Driss' offenen Art und stellt ihn ein. Soweit die Ausgangssituation der Geschichte. Die innere Entwicklung der Figur Driss lässt sich in folgenden Sequenzen beschreiben.

Tags WANT NEED Bedürfnispyramide

- **1. Sequenz**: Driss ist ein selbstbezogener, krimineller Taugenichts. Beim Vorstellungsgespräch bestiehlt Driss Philippe und nimmt ein Fabergé-Ei mit. Als er von seiner Tante aus der Wohnung geworfen wird, weil er keinen verantwortungsvollen Beitrag zum gemeinsamen Familienleben leistet, landet er auf der Straße.
- **2. Sequenz**: Driss nimmt eher widerwillig die angebotene Anstellung auf Probe bei Philippe an. Dass er lange durchhält, glaubt er selbst nicht. Kurz bevor Driss die Anstellung bekommt, fragt ihn Philippe, ob er Verantwortung übernehmen kann. Damit ist ein wichtiges Thema des Films kurz benannt. Driss weigert sich jedoch, alle unangenehmen Aufgaben der Pflege zu übernehmen, z.B. Philippes „Hintern auszuleeren" kommt für ihn nicht in Frage.
- **3. Sequenz**: Driss beginnt langsam, seinen Egoismus zu überwinden, indem er Philippe pflegt. Er ist jedoch eine schlechte Pflegekraft, weil er wenig Lust und keine Erfahrung hat: Er schüttet kochendes Wasser auf Philippes Beine oder hört das Babyphone nicht ab. Nach wie vor ist er selbstbezogen und versucht aus seiner Situation das Beste für sich rauszuholen. Die gesamte Verantwortung will er nicht übernehmen. Als Philippe nachts einen Anfall hat, ist Driss zunächst überfordert. Zum ersten Mal wird ihm die Tragweite seiner Verantwortung bewusst: Er ist für Philippes Leben verantwortlich. Seine Fehler haben Konsequenzen. In den Minuten des Anfalls spürt er seine eigene (und Philippes) Hilfslosigkeit. Aber Driss reagiert in dieser Situation intuitiv richtig. Er hat ein gutes Gespür dafür, was Philippe hilft.
- **4. Sequenz**: Die echte Freundschaft beginnt. Driss und Philippe kommen sich näher. Teilen sich einen Joint. Driss lernt die persönliche Seite von Philippe kennen. Er spricht über Sex, Liebe, seine verstorbene Frau und den Unfall,

der ihn in den Rollstuhl gebracht hat. Ein intimer Moment, in dem viel Vertrauen für beide entsteht. Die Probezeit ist vorbei. Driss nimmt den Job nun endgültig an, muss aber das gestohlene Fabergé-Ei zurückbringen. Die Ereignisse dieser Nacht bringen ihn dazu, sich wieder der eigenen Familie zuzuwenden. Zeitgleich sorgt Driss dafür, dass Philippe endlich mit seiner Brieffreundin telefoniert.

» **5. Sequenz**: Schlau wie er ist, erkennt Driss, dass man mit moderner Malerei viel Geld verdienen kann. Langsam erkennt er den Wert, den Kunst haben kann. Als Pfleger ist er nun routiniert und wischt sogar den Hintern von Philippe ab. Er macht Philippe klar, dass seine Tochter vor niemandem Respekt hat, was dazu führt, dass Philippe strenger zu seiner Tochter wird und sich selbst behaupten kann. Das ist eine gute Entwicklung, die Driss angestoßen hat. Auch schafft er es, auf Philippes Geburtstagsparty die steife Gesellschaft zum Tanzen zu bringen.

» **6. Sequenz**: Indem Driss immer mehr Verantwortung für seinen Chef und dessen Tochter übernimmt, lernt er auch, die Verantwortung für seine eigene Familie zu übernehmen. Heimlich beobachtet er seine Tante bei der Arbeit. Zeitgleich lernt er etwas von Philippe: Die Überwindung seiner Höhenangst. Als der Stiefbruder von Driss auftaucht, um Schutz zu suchen, erkennt Philippe, dass sich Driss nun um seine Familie kümmern muss und lässt ihn ziehen. Während des Trennungsgesprächs beginnt Driss fast zu weinen, es fällt ihm schwer zu gehen, aber die Verantwortung für seinen Bruder und die Familie ruft.

» **7. Sequenz**: Driss verabschiedet sich von allen. Er ist freundlicher geworden. Zu Beginn des Films ist er gegenüber eines Falschparkers noch handgreiflich geworden. Jetzt aber bittet er ihn mit freundlichen und bestimmten Worten wegzufahren. Auf die nette Art kommt man also auch zum Ziel. Driss ist gereift, nimmt einen normalen Job an und steht auf eigenen Füßen. Außerdem hat er mit dem Verkauf eines Bildes 11.000 € verdient. Seine kriminelle Vergangenheit liegt jetzt hinter ihm und er hat sich in die Gesellschaft eingefügt.

» **8. Sequenz**: Driss überwindet seinen Egoismus vollständig und handelt selbstlos. Er organisiert für Philippe ein Date mit dessen Traumfrau - ohne selbst etwas davon zu haben. Und er bringt das Fabergé-Ei wieder zurück. Er hat es geschafft, sich um die eigene Familie, um seinen ziemlich besten Freund und um sich selbst zu kümmern.

Wenn Sie für Ihre Geschichte einen solchen Ablauf schreiben, können Sie sehen, ob Sie in jeder Sequenz einen Fortschritt in der Entwicklung des Charakters entdecken können oder nicht. Wenn man versucht, einen Schritt der inneren Entwicklung wegzulassen, geht man das Risiko ein, dass die Veränderung vom Zuschauer als zu schnell und nicht nachvollziehbar empfunden wird. Gleichzeitig stellen Sie damit sicher, dass Ihre Geschichte von den Figuren und deren Bedürfnissen angetrieben wird. Dadurch sind die Chancen, sich in der Handlung zu verzetteln, geringer. Sie sind auf angenehme Art gezwungen, Ihre Figur zu Erkenntnissen und Entscheidungen zu treiben. Achten Sie darauf, dass eine Hauptfigur mindestens acht Stufen durchläuft, um eine für den Zuschauer glaubhafte Wandlung zu vollziehen.

Gibt es ein NEED für eine Figur und kann man es auch klar formulieren, stellt sich die nächste wichtige Frage: Wie ZEIGE ich das? Was ist die passende Handlung zum NEED?
Ein Beispiel: Andy Stitzer aus dem Film „Jungfrau (40), männlich, sucht ..." ist eine nicht perfekte Hauptfigur. Andy ist (der Titel macht es deutlich) noch Jungfrau, und das im Alter von

40 Jahren. Da stimmt doch was nicht. Genau!
In seinem Buch „Save the cat“ nennt der Autor Blake Snyder diese Defizite „Six things that need fixing“. Er beschreibt sechs negative Eigenschaften der Hauptfigur, die es im Laufe des Films zu „reparieren“ gilt. Anhand dieser sechs Eigenschaften kann man die Veränderung, die Wandlung einer Figur sehr gut beschreiben. Natürlich sind sechs Eigenschaften nur ein Richtwert.
In „Jungfrau (40), männlich, sucht ...“ werden in den ersten Minuten des Films all diese Eigenschaften gezeigt und das auf sehr plakative, überzogene Weise. Das macht den Film zu einem guten Beispiel.

1. Andy ist Ordnungsfanatiker. Sein Haus ist geputzt, er selbst geschniegelt. Er steht morgens immer zur gleichen Zeit auf. Die absolute Routine. → In diesem geschlossenen System wird erst etwas Neues passieren, wenn er aus der Ordnung ausbricht.
2. In der ganzen Wohnung sind Spielzeugfiguren verteilt. Viele davon sind in Sammlerkreisen viel Geld wert. → Er wird diese Spielzeuge loslassen müssen, um vom Teenager zum Erwachsenen zu reifen.
3. Er ist Sicherheitsfanatiker. Er trägt einen Helm beim Fahrradfahren und hält sich genau an die Regeln im Straßenverkehr. → Erst wenn er ein Risiko eingeht, kann er sich entwickeln.
4. Er ist schüchtern und kann nicht mit Frauen flirten. → Das muss er lernen, sonst wird er bis an sein Lebensende Single bleiben. Nach dem Aufstehen läuft er mit einer Morgenlatte durch die Wohnung. Eine Anspielung auf sein nicht existentes Sexleben.
5. Sein Selbstbewusstsein ist im Keller. Er traut sich nicht, als Verkäufer zu arbeiten, sondern bleibt lieber hinten im

Lager. Mit Menschen umzugehen macht ihm Angst. Und durchsetzen kann er sich auch nicht, zum Beispiel gegenüber Arbeitskollegen. → Er sollte Verkäufer werden, um selbstbewusster werden zu können.

6. Die Erlebnisse, von denen er erzählt, sind im Vergleich zu denen seiner Kollegen unfassbar langweilig. → Er muss also mehr erleben, um etwas erzählen zu können.

All diese Fehler lassen sich visuell und szenisch sehr gut darstellen. Was die psychologischen und familiären Ursachen für diese Verzögerung seiner Entwicklung sind, spielt im Film zunächst eine untergeordnete Rolle. Der Film hat nicht das Ziel, dem Charakter auf den Grund zu gehen, sondern er setzt auf Pragmatismus und zeigt auf, wie Andy mit Hilfe seiner Arbeitskollegen und seiner neuen Bekanntschaft Trish sein Leben Stück für Stück verändert – also die Defizite löst. Seine Kämpfe, Zwischenerfolge, Depressionen, Pläne und sein Scheitern – das alles passiert im zweiten Akt des Films.
Das Defizit, dass Andy sexuell unerfahren ist und dass er sich von seinen Actionfiguren trennen muss, wird z. B. folgendermaßen in einer Szene umgesetzt:
Die attraktive Trish will mit Andy ins Bett. Sie ist heiß auf ihn, er mag sie auch, ist aber sehr unsicher und kann sich nicht gehenlassen. Beide knutschen und als es ein bisschen wilder wird, fallen Pakete mit Spielzeugfiguren vom Bett auf den Fußboden. Andy bricht die Knutscherei ab und will die Spielzeugfiguren sortieren. Das regt Trish auf. Andy erklärt, wie wichtig diese Dinge für ihn sind und am Ende fragt Trish ihn: „Warum willst du keinen Sex mit mir?" Trish denkt, es liege an ihr. Dabei liegt es eindeutig an ihm, wie der Zuschauer weiß. Die Spielzeuge sind ein vorgeschobener Grund, sich nicht mit dem eigentlichen Problem zu beschäftigen. Er ist noch Jungfrau und es ist ihm peinlich, ihr das zu beichten. Noch ist er nicht be-

reit, mit einer Frau ins Bett zu gehen, auch wenn Trish genau die Richtige für ihn ist. Das Date endet also im Fiasko. Weshalb? Weil Andy in seiner persönlichen Entwicklung noch nicht so weit ist. Diese Szene zeigt eine Etappe auf dem Weg, den er vor sich hat. Veränderung passiert nicht von jetzt auf gleich, sondern benötigt Zeit und Zwischenstufen. Diese dreiminütige Szene ist ein Teil davon.
Dieser Erzählstrang ist, ebenso wie der ganze Film, in drei Akte geteilt. Jedes der sechs Defizite hat diese drei Akte. Sie vermischen sich oft und geben einen lustigen Mix ab. Am Ende kann er die Spielzeugfiguren verkaufen, weil er sich ins echte Leben gestürzt hat. Er ist ein Mann geworden.

CHECKLISTE

» Hat Ihre Hauptfigur ein Ziel?
» Haben Sie sich ein NEED aus der Mitte der Bedürfnispyramide ausgesucht?
» Wo sind die Bedürfnisse Ihrer Haupt- und Nebenfiguren in der Bedürfnispyramide zu verorten? Ist Ihre Hauptfigur wirklich Ihre Hauptfigur?
» Haben Sie Ihr NEED in acht Stufen aufgeteilt? Wie entwickelt es sich?
» Welche sechs Defizite hat Ihre Hauptfigur, um das NEED sichtbar zu machen?

3. FIGURENBOGEN

Menschen entwickeln sich. Ob sie es wollen oder nicht. Im Film erfolgt diese Entwicklung in komprimierter Form. Man kann den Charakter- oder Entwicklungsbogen einer Figur am besten beobachten, wenn man sich das Anfangs- und das Schlussbild der Geschichte genauer anschaut. Sehen wir uns zunächst das Ende einiger Filme an:

» **Pretty Woman**: Vivian erobert das Herz des Millionärs Edward. Sie sieht wie eine Prinzessin aus und hat eine wunderbare Zukunft vor sich. Er hat sich ebenfalls für sie entschieden und beide küssen sich auf der Feuerleiter.
» **Dirty Dancing**: Baby ist mit dem Frauenschwarm und Tanzrebellen Johnny zusammen. Sie hat sich von ihrem Vater emanzipiert und kann wunderbar tanzen – die Hebefigur gelingt. Alle feiern eine große Party.
» **Fack ju Göhte**: Der falsche Lehrer Zeki hat seine Schüler zu guten Noten geführt. Er wird ein richtiger Lehrer und kommt mit seiner Kollegin Lisi zusammen.
» **Goethe!**: Durch die gescheiterte Liebe zu Lotte schreibt Goethe „Die Leiden des jungen Werthers" und wird damit zum Popstar. Bei seiner Rückkehr nach Frankfurt jubeln ihm die Menschen zu. Sein Vater ist stolz auf ihn.

Wir können festhalten, dass bei all diesen Filmen die Liebe die entscheidende transformierende Kraft ist. Schauen wir uns an, wie diese Figuren zu Beginn des Filmes ohne Liebe gelebt haben:

- » **Pretty Woman**: Vivian ist eine Prostituierte, hat kein Geld für ihre Miete und lebt in ständiger Gefahr, sozial noch tiefer zu fallen.
- » **Dirty Dancing**: Baby schwärmt noch für ihren Vater, denkt nicht daran, einen Freund zu haben und kann nicht tanzen.
- » **Fack ju Göhte**: Zeki kommt aus dem Gefängnis und muss sein Leben neu beginnen. Eine richtige Familie gibt es nicht. Geld ist für ihn das Wichtigste.
- » **Goethe!**: Der junge Goethe fällt durch sein Staatsexamen und sein Manuskript wird vom Verlag abgelehnt. Sein Vater hält ihn für einen Taugenichts.

Um zu prüfen, ob Figuren überhaupt einen Entwicklungsverlauf haben, reicht es zunächst aus, sich Anfang und Ende einer Geschichte anzusehen. Der Autor Keith Giglio weist in seinem Buch "Writing the Comedy Blockbuster" darauf hin, dass sich die Figuren im Laufe der Geschichte in ihr Gegenteil entwickeln und sich auf der anderen Seite der Medaille wiederfinden. Der Zuschauer bekommt das Gegenstück zu der Figur, die ihm am Anfang präsentiert wurde.

1 Hauptfiguren, die sich kaum ändern

Es gibt viele Filme, in denen sich die Hauptfigur kaum verändert. Dann ist es umso wichtiger zu zeigen, wie sich durch ihr Wirken das gesamte Umfeld verändert.

- » **Forrest Gump:** Forrest bleibt mit seinem großen Herz mehr oder weniger derselbe. Aber er rettet einem Soldaten das Leben und gründet mit ihm eine erfolgreiche Firma, er hilft einem Passanten, den Smiley zu erfinden oder zeigt Elvis den Hüftschwung. Und: Er zeigt seiner Freundin Jenny, was tiefe Liebe ist.

» **Ratatouille:** Die Ratte Rémy verändert sich kaum, aber er versöhnt in einem Restaurant Ratten und Menschen miteinander. Rémy überzeugt seinen Vater davon, dass Menschen nicht böse sind und schafft es sogar, dass er auf seinen kochenden Sohn stolz ist. Am Ende zeigt er dem strengen Restaurantkritiker, was Demut ist.
» **Robin Hood – König der Diebe**: Robin Hood verändert sich wenig, aber es gelingt ihm, alle Menschen um ihn herum so zu motivieren, dass sie wieder an sich selbst glauben. Indem sie alle gemeinsam den bösen Sheriff von Nottingham bezwingen, verändern sie ihr Umfeld.

Indem wir sehen, was die „unveränderbare" Figur um sich herum alles verändert hat, können wir als Zuschauer daraus schließen, was alles in dieser Figur „drin" steckt. Die Figur hätte sich dieses Potenzial vor ihrer Reise wahrscheinlich nie zugetraut, kann aber nun ihr Leben darauf aufbauen. Schon deshalb hat der Zuschauer das Gefühl, dass sich diese Figur entwickelt hat, ohne dass man als Autor eine bestimmte Entwicklung hätte forcieren müssen.

Ein Paradebeispiel dafür ist „Hangover". Vier Freunde aus der wohlhabenden Mittelschicht Amerikas sind in ihrem Alltag gefangen und nutzen einen Junggesellenabschied, um die Sau rauszulassen. Unter Drogen drehen sie in Las Vegas durch, verlieren ihren Freund, den Bräutigam, aus den Augen und rekonstruieren die Ereignisse der Nacht, um ihn wiederzufinden. Am Ende des Films sehen sich die Freunde auf einem Fotoapparat an, was und wen sie alles auf ihrer Party in Las Vegas „verwüstet" haben. Sie hatten den Spaß ihres Lebens, aber im Grunde haben sich die vier kaum verändert. Doch am Ende haben alle die Erkenntnis gewonnen, wie lebendig sie im Herzen sind. Einzige Ausnahme einer tatsächlichen Veränderung: der Zahnarzt. Er ist derjenige, der am Ende die Kraft hat, sich von seiner nervtötenden Frau zu trennen. Er will wieder frei sein.

Meistens ist es eine Kombination von beidem: Die Veränderung der Hauptfigur und des Umfelds verlaufen zeitgleich. In „Pretty Woman" hat sich Vivian nicht nur rein äußerlich verändert, sondern hat auch ihren inneren Wert erkannt. Und durch ihr positives, lebensfrohes Wesen verändert sie zusätzlich alle Nebenfiguren. Der Hotelchef, ihre beste Freundin und auch Edward, der nun Schiffe bauen will – alle wachsen mit ihr. Nur Edwards Anwalt ändert sich nicht. Er bleibt ein geldgeiler Karrierist und bekommt dafür auch eins auf die Mütze.

2 Mid-Point

Wir haben uns das Ende und den Anfang verschiedener Filme angesehen. Doch um zu überprüfen, ob sich die Entwicklung der Hauptfigur auf einem guten Weg befindet, lohnt sich ein intensiver Blick auf die Mitte der Geschichte. Gibt es keinen wirkungsvollen Mid-Point, haben Sie keine Figurenentwicklung. Gute Ideen für die Exposition einer Geschichte oder eine pfiffige Pointe sind in der Regel schnell gefunden. Oft entscheidet sich jedoch in der Mitte des Films, ob es die Geschichte schafft, den Zuschauer durchgehend an sich zu binden, oder ob dieser zum Bierholen in den Keller geht.
Wie bereits im zweiten Kapitel zum Thema der "zweiten Geschichte" beschrieben, gibt es beim Mid-Point die Möglichkeit, dass die Hauptfigur ihr NEED erkennt, also bemerkt, was sie für die eigene Entwicklung wirklich braucht. Das bis dahin ver-

drängte NEED der Figuren kommt so immer mehr zum Vorschein. Häufig wechselt die Hauptfigur die Strategie, wechselt vom aktiven ins passive Verhalten oder umgekehrt, wird einer Illusion beraubt, begegnet einer neuen Figur oder kommt an einen neuen Ort. Es reicht, wenn Sie sich für ein Prinzip entscheiden oder mit einem anderen kombinieren, um den Figurenbogen zu strukturieren. Aber der Reihe nach – wir stellen sechs konkrete Varianten vor:

1. Strategiewechsel

Ein Strategiewechsel findet bei der Hauptfigur statt. Im ersten Teil der Geschichte ist die Figur auf der Flucht. Ab der Mitte entscheidet sie sich, nun aktiv auf das Problem zuzugehen. Die Figur hat sich bis dahin vor ihrer Verantwortung gedrückt und stellt sich dieser in der Mitte der Geschichte.

» **Dirty Dancing**: Baby und Johnny haben ihren ersten heimlichen Tanzauftritt und in der gleichen Nacht das erste Mal Sex. Nach dem Mid-Point geht es nicht mehr darum, Johnny zu begehren, sondern herauszufinden, ob die Liebe echt ist und sie von ihrem Vater sowie der konservativen Gesellschaft akzeptiert wird.
» **Stirb Langsam**: John McClane flieht und versteckt sich nicht mehr vor den Terroristen, sondern eröffnet den aktiven Gegenangriff. Am Mid-Point findet er die Tasche mit den Zündern. Er will herausfinden, was die Terroristen damit vorhaben und wo sich der mögliche Sprengstoff befindet.
» **Fack ju Göhte**: Zeki hat ein Gespräch mit Lisi in einem Tabledance-Laden, in dem sie meint, dass ihre Schüler im Gefängnis landen werden, wenn man sich nicht um sie kümmere. Das Gefühl kennt Zeki nur zu gut. Er hält kurz

inne. Ab diesem Moment beginnt er damit, Verantwortung für seine Schüler zu übernehmen. Strategiewechsel.

Der positive Effekt des Strategiewechsels einer Figur ist, dass deren Handlung nicht vorhersehbar wird. Und noch etwas Besonderes passiert: Der zweite Akt bleibt dadurch character-driven. Wenn es nicht zu einem Strategiewechsel kommt, dann wiederholt sich die Intensität des ersten Aktes lediglich. Es wäre langweilig, wenn Zeki in weiteren Szenen die Schüler fertigmachen würde, oder sie ihn. Das wurde bereits alles erzählt. Die Zeit ist reif, dass sich etwas verändert.
Es passiert sehr oft, dass sich Konflikte in ihrer Intensität wiederholen. Einer der Gründe dafür ist, dass die Strategie, mit der die Hauptfigur zum Ziel kommen will, immer die gleiche bleibt.

2. Aktive und passive Verläufe

Den Strategiewechsel kann es auch geben, wenn Sie zwei Hauptfiguren haben. Wir nennen es die Aktiv-Passiv-Regel. Beim Mid-Point wird die aktivere Figur passiv, und die andere passivere Figur aktiv. Eine Umkehrung der Dynamik findet also innerhalb der beiden Figuren statt. So kann die oft mutigere Hauptfigur, die bis dahin die treibende Kraft der Handlung war, ab dem Mid-Point sich entspannen und passiver werden. Die andere bis dahin vorsichtigere Figur, die eher mitgelaufen ist, übernimmt nun den aktiven Part der Handlung. Die zurückhaltende oder vorsichtigere Figur hat nun mehr Mut und Vertrauen gefasst und möchte das auch zeigen.

» **Lethal Weapon**: Durch seinen Übermut bringt die Figur Martin Riggs die Handlung bis zum Mid-Point stets voran. Roger Murtaugh versucht bis dahin, den Schaden für sich und andere in Grenzen zu halten. Doch als seine Familie bedroht wird, wird Roger mutiger und findet in seinem Partner die Unterstützung, seine Familie zu retten.

» **Ziemlich beste Freunde**: Driss entdeckt die Verantwortung für sich, Philippes Tochter und seinen Halbbruder, während sich Philippe endlich traut, offensiver zu werden und beginnt, sich mit einer Frau zu verabreden.
» **Pretty Woman**: Edward, der die ganze Zeit seiner Arbeit nachgeht, unterbricht diese zum ersten Mal und begleitet Vivian zum Shoppen. Er hat sie bis dahin im Hotel sich selbst überlassen. Vivian, die sich zunächst die Zeit im Hotel vertrieben hat, bringt Edward immer mehr dazu rauszugehen und am alltäglichen Leben teilzunehmen.

3. Enttarnung der Illusion

Der Hauptfigur wird am Mid-Point bewusst, dass sie bislang in einer Illusion gelebt hat.

» **Matrix**: Neo betritt wieder die reale Welt und begreift nun endgültig, dass er in einer künstlichen Welt gelebt hat. Am Ende kann er in dieser wie Superman fliegen.
» **Truman Show**: Truman begreift, dass er Hauptfigur einer TV-Show ist. Bis zum Mid-Point hat er es nur geahnt. Ab da an versucht er, allen Figuren in seinem Umfeld zu beweisen, dass alles nur Show ist – doch sie halten ihn für einen Spinner. Am Ende kann er dieses Theater verlassen.
» **Titanic**: Auch Rose hat die Haltung verinnerlicht, dass Menschen in Zugehörige der Oberschicht und der Unterschicht unterteilt werden. Durch die Kollision mit dem Eisberg verschwinden diese Zuordnungen und alle Passagiere kämpfen um ihr Leben. Alle sind im Angesicht des Todes gleich.

4. Eine neue Figur

Eine neue Figur taucht auf. Diese kann schon vorher in der Handlung angedeutet worden sein, doch ab dem Mid-Point kippt durch sie die Haupthandlung in eine neue Richtung. Diese Figur, die oft mit der Vergangenheit der Hauptfigur in Verbindung steht, hilft, die Entwicklung der Figuren voranzubringen. Sie deckt nun das NEED des Helden schrittweise auf.

- » **Ziemlich beste Freunde**: Der Halbbruder von Driss taucht auf. Er konfrontiert Driss mit dessen Vergangenheit und Verantwortung gegenüber seiner eigenen Familie.
- » **Rambo – First Blood**: Colonel Trautman erscheint und ist der Vermittler in dem Konflikt zwischen den streitenden Parteien. Er erklärt dem Sheriff, wie Rambo tatsächlich ist und bezeichnet diesen als "seinen Jungen".
- » **Terminator 2**: Der Wissenschaftler Dr. Miles Bennet Dyson rückt in den Fokus der Handlung: Er wird die Cyberdyne-Technik revolutionieren, wodurch in der Zukunft Milliarden von Menschen sterben werden. Sarah Connor entscheidet sich, ihn zu töten.
- » **Hangover**: Das Chaos-Trio begegnet zum ersten Mal der Stripperin Jade. Es wird klar: Der Zahnarzt hat sie letzte Nacht geheiratet.

5. Ein neuer Ort

Der neue Ort dient dazu, unseren Helden aus der Komfortzone zu bringen, um die bis dahin von ihm erlernten Eigenschaften oder seine Entwicklungsschritte in einer neuen Umgebung noch einmal überprüfen zu können. Die Figur wird hier auf eine Bewährungsprobe gestellt.

» **Shrek**: Das Schloss, in dem Fiona von dem Drachen festgehalten wird.
» **Dirty Dancing**: Der erste heimliche Tanzauftritt unserer Helden in einer anderen Stadt.
» **Raum**: Jack gelingt die Flucht und betritt das erste Mal in seinem Leben die Welt außerhalb seines Raums.
» **Gran Torino**: Der rassistische Held Walt Kowalski ist zum ersten Mal bei seinen asiatischen Nachbarn zu Besuch.

6. Das Ende andeuten

Indem der Mid-Point auf das Ende der Geschichte hindeutet, kann der Zuschauer eine bestimmte Erwartung an die Geschichte und die Figuren stellen, die sich nun erfüllen kann oder nicht. Es kann einen Ausblick geben, wie der Abschluss der Figurenentwicklung aussehen könnte:

» **Hangover**: **Mid-Point**: Der Zahnarzt findet raus, dass er mit einer Stripperin verheiratet ist. **Ende**: Er bricht mit seiner konservativen Freundin.
» **Dirty Dancing**: **Mid-Point**: Baby und Johnny treten heimlich in einer fremden Stadt auf. Die Hebefigur misslingt. **Ende**: Öffentlicher Auftritt. Beide stehen zu ihrem Tanz und die Hebefigur gelingt.
» **Rambo**: **Mid-Point**: Colonel Trautman taucht auf und will den Sheriff zur Aufgabe überreden. **Ende**: Er überredet „seinen Jungen“ Rambo zur Aufgabe.

3 Deal führt zum Dilemma

Nachdem wir uns Anfang, Mitte und Ende der Entwicklungsbögen angeschaut haben, wollen wir uns einem weiteren zentralen Punkt der Entwicklung widmen, der oft am Ende des ersten Aktes (Plot Point 1) und zum Ende des zweiten Aktes (Plot Point 2) zum Tragen kommt: dem Deal und seinem daraus resultierenden Dilemma. Oft gehen die zentralen Figuren einen Handel ein, der für beide Parteien zunächst nützlich ist, sich jedoch später als Stein entpuppt, den man aus dem Weg räumen muss.

» **Dirty Dancing**
Deal: Der rebellische Tanzlehrer und die konservative Schülerin beschließen, gemeinsam für einen Auftritt zu trainieren. Es ist für beide eine Aufgabe in einer bestimmten Zeitspanne.
2. Akt: Gegenseitige Skepsis kippt mit dem Mid-Point in ein vertrautes Verhältnis.
Dilemma: Sie werden ein heimliches Liebespaar – in einer konservativen Welt der 60er, in der ihre Beziehung nicht geduldet wäre.

» **Harry & Sally**
Deal: Harry & Sally beschließen, nur Freunde zu sein, weil beide in der Liebe schon oft enttäuscht wurden.
2. Akt: Aus Skepsis wird loyale Freundschaft.
Dilemma: Sie schlafen miteinander, obwohl sie nur Freunde sein wollten. Sie haben Angst, von der Liebe wieder enttäuscht zu werden.

Tags Transformation Mid-point Deal

» Reine Nervensache
Deal: Für eine bestimmte Zeit soll der Therapeut dem Mafiaboss bei seinen Panikattacken helfen. Sie handeln eine Art Angestelltenverhältnis aus.
2. Akt: Gegenseitige Skepsis führt über den Mid-Point zur Freundschaft.
Dilemma: Sie führen ein heimliches, beinah ein brüderliches Verhältnis miteinander. In der harten Welt der Mafia würde ein solches Verhältnis als Schwäche angesehen.

Der Handel kann ein Arbeitsverhältnis („Pretty Woman"), ein Freundschaftsverhältnis („Freunde mit gewissen Vorzügen"), eine Vereinbarung („Gegen die Wand") oder etwas anderes auf Probe („Ziemlich beste Freunde") sein. Dieser Handel soll die unterschiedlichen Welten und Haltungen der Protagonisten (zumindest vorübergehend) binden, bis sich das richtige Vertrauen zueinander einstellt. Danach erübrigt sich der Deal, weil die Figuren aus sich selbst heraus mit dem anderen zusammen sein wollen. Es ist wichtig zu erwähnen, dass nicht der Deal selbst die beiden Menschen zusammenbringt, sondern die Tatsache, dass sich beide etwas zu geben haben. Der Deal ist ein gutes Hilfsmittel, Figuren, die füreinander bestimmt sind, aneinander zu binden. Falls es keinen offensichtlichen Deal gibt, kann es auch eine stille Übereinkunft mit dem Zuschauer wie bei „Hangover" geben. Die stille Übereinkunft der drei besten Freunde ist es, den Junggesellen nach seinem Junggesellenabschied wieder zurückbringen zu müssen. Ihr Dilemma findet am Ende des zweiten Aktes statt, als sie glauben, ihr bester Freund sei möglicherweise durch ihr Verschulden gestorben – und das einen Tag vor seiner Hochzeit.

4 Entwicklung von zwei Hauptfiguren

Bei zwei gleichwertigen Hauptfiguren sollte man darauf achten, dass beide einen ähnlich großen Entwicklungsbogen aufweisen. Ansonsten wird die eine Hauptfigur nicht nur interessanter als die andere sein, sondern auch mehr Tiefe bekommen. Wir haben bei der Überarbeitung von Drehbüchern festgestellt, dass manchmal die führende Figur mehr als die zweite Hauptfigur dazulernt. Das führt zu einem emotionalen Missverhältnis beim Zuschauer. Schauen wir uns dazu noch einmal den Film "Ziemlich beste Freunde" an, in dem sowohl Driss als auch Philippe die gleiche Anzahl von Schwierigkeiten und Charaktereigenschaften überwinden müssen, um etwas für sich selbst zu lernen.

Driss

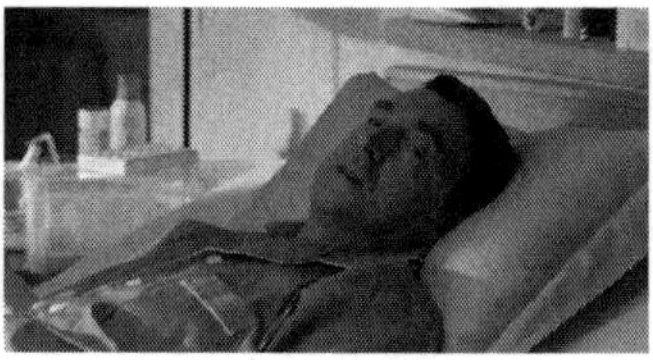

Philippe

Eingesperrt in seinem Umfeld des Plattenbaus.	Eingesperrt in seinem Körper.
Lebt auf der Straße.	Lebt in einem goldenen Käfig.
Hat einen kriminellen Halb-Bruder, mit dem er sich auseinandersetzten muss.	Hat eine unangepasste Tochter, mit der er sich auseinandersetzen muss.
Übermütig, was ihm oft Ärger einbringt.	Übervorsichtig, zurückhaltend, was ihn daran hindert, richtig zu leben.
Er hat niemanden, der ihm	Hat zu viele Menschen um sich

zeigt, wie er ein verantwortungsvoller und mündiger Bürger der Gesellschaft werden kann.	herum, die ihm zu sehr helfen. Er wird des eigenen Lebens entmündigt.
Egoistisch = direkt	Diplomatisch = passiv
Ist tänzerisch begabt.	Ist gelähmt.
Liebt Adrenalin.	Liebt Kunst.

Es lohnt sich, darauf zu achten, dass beide Figuren gleich viele Lernschritte haben, damit sie am Ende des Films auf einem ähnlichen Lernniveau landen. So hängt oft die Entwicklung der einen Hauptfigur von der Entwicklung der anderen Figur ab. Zwischen beiden Figuren gibt es ein Geben und Nehmen. Bei „Ziemlich beste Freunde" kann man gut beobachten, wie es im Laufe der Geschichte zu einem konfliktreichen Austausch der beiden Tabellenhälften kommt: Als Driss beispielsweise die Kunst kennenlernt und damit beginnt, Farbkleckse auf eine Leinwand zu malen oder Philippe Momente voller Adrenalin erlebt und das Paragliding für sich wiederentdeckt, ist dieser Wandel deutlich sichtbar.

Wenn beide nicht dasselbe Lernniveau erreichen, kann keine gleichwertige Freundschaft oder Beziehung am Ende des Films möglich sein. Es kann zwischen beiden keine reifere Begegnung stattfinden. Es könnte sich zwischen den beiden höchstens ein Abhängigkeitsverhältnis ergeben und die Geschichte bekäme so zwangsläufig tragischere Züge. Wenn man das möchte, ist das natürlich in Ordnung. Man sollte sich nur bewusst sein, dass das dann auch passiert.

5 Die tickende Bombe

Gibt es zwei Hauptfiguren, empfiehlt es sich, eine Figur so zu wählen, als ob sie die Attribute einer tickenden Bombe hätte. In „Ziemlich beste Freunde" ist Driss ein Krimineller. Er löst seine Probleme auf eine ungestüme Art, wird handgreiflich und ist in seinem Verhalten politisch inkorrekt. Driss ist somit für das reiche und stocksteife Umfeld von Philippe nicht nur unangebracht, sondern auch gefährlich. Daraus resultiert die Grundspannung des Films. Der Zuschauer fragt sich die ganze Zeit, wie lange es mit dem Elefanten im Porzellanladen gut gehen wird. Wann wird Driss durch sein unangebrachtes Verhalten alles ruinieren? Wird er rückfällig und bringt seine kriminelle Vergangenheit mit in den goldenen Käfig? Doch die Autoren Olivier Nakache und Éric Toledano wissen um ihren Schatz, schreiben gegen die Erwartung des Zuschauers an und generieren so in jeder Szene Spannung.

Weil diese Figuren zu sich stehen können wie sie sind, sind sie auch ein Vorbild für andere. Weil sie mutig sind, können alle Nebenfiguren um Philippe herum ihre verkrusteten Vorstellungen und Haltungen ein Stück weit überwinden. Dadurch entdeckt Philippe seinen Lebensmut wieder. Er fängt an, risikofreudiger zu leben, indem er sich der Liebe stellt.
Doch "Ziemlich beste Freunde" ist nicht der einzige Film mit einer „tickenden Bombe":

- **Lethal Weapon**: Martin Riggs hat einen Hang zur Selbstzerstörung und bringt damit den sicherheitsbedachten Familienvater Roger Murtaugh an den Rand des Wahnsinns.
- **Knockin' on Heaven's Door**: Der unangepasste Martin Brest bringt immer wieder seinen zurückhaltenden Freund Rudi Wurlitzer in absurde Situationen.

- **Titanic**: Jack ist ein Überlebenskünstler, kreativ und spontan. In Roses feiner Welt, wo Sitte, Anstand und Moral vorherrschen, ist Jacks Verhalten unangebracht.
- **Dirty Dancing**: Rebell und Tanzlehrer Johnny ist unangepasst, sexy und wild in der heilen und konservativen Welt, in der Baby lebt.
- **Erin Brockovich**: Erin ist aufmüpfig, benimmt sich in einer Welt daneben, die von Rechtsanwälten dominiert ist, in der eine Form von Anstand und Spießigkeit vorherrscht.

Alle diese Figuren haben etwas gemeinsam: Sie sind gefährlich – und zwar für das Umfeld, mit welchem sie kollidieren! Weil sich Erin Brockovich so gibt, wie sie ist, ist sie als Figur für die Geschädigten und Betroffenen des Abwasserskandals im Film glaubwürdig. Weil sie im Vergleich zu den zugeknöpften und erbsenzählenden Anwälten empathisch und impulsiv ist, kann sie die Betroffenen zu einer Sammelklage motivieren. Sie ist in der Welt der Konzerne eine gefährliche Person, weil sie sich „anders" verhält als es die Normen dieser Anzug- und Krawattenwelt verlangen.

6 Entwicklung bei Nebenfiguren

Die größte Entwicklung wird in der Regel für die Hauptfigur aufgespart. Doch auch die Nebenfiguren verändern sich, in kleineren Schritten, aber deutlich sichtbar für den Zuschauer. Das zu beachten hat auch einen praktischen Vorteil: Es hilft in Gesprächen mit Schauspielern, die diese Rollen verkörpern sollen, über diesen kleinen Bogen zu sprechen. So unterstützt man sie dabei, kleine aber wichtige Dinge zu (er)finden, die innerhalb dieses Verlaufes passieren können. Der Darsteller und die Rolle, so klein sie auch ist, wachsen besser zusammen. Hier eine Liste mit Verläufen einer Nebenfigur, wie wir sie häufig bei eigenen Projekten verwenden.

- » Wer angespannt ist, wird im Handeln freier.
- » Wer hektisch ist, wird ruhiger.
- » Wer sich dunkel kleidet, wird heller.
- » Wer einsam ist, trifft mit jemandem zusammen.
- » Wer abweisend ist, wird offener.
- » Wer chaotisch ist, wird konsequent.
- » Wer täuscht, wird wahrhaftig.
- » Wer risikoreich ist, wird verantwortungsvoll.
- » Wer zwanghaft ist, wird spontan.
- » Wer unbeweglich ist, wird dynamisch.

Es sind einfache dynamische Verläufe, die Ihre Nebenfiguren durchleben können. Diese kleinen Figurenbögen machen die große Entwicklung der Hauptfigur für den Zuschauer glaubwürdiger. In einer Welt des Wandels ist Wandel normal.

CHECKLISTE

- » Haben alle Ihre wichtigsten Figuren einen Figurenbogen?
- » Haben Sie sich entschieden, welche Auswirkung der Mid-Point auf Ihre Figurenentwicklung hat?
- » Ist das Dilemma der Figuren mit einem Deal vorbereitet?
- » Haben Sie eine „gefährliche" Figur?
- » Haben Sie bei den Nebenfiguren einen dynamischen Verlauf eingebaut?

Tags Charakterisierung Figurenkreis Möglichkeiten

4. DIE NEBENFIGUR IST WICHTIGER ALS DIE HAUPTFIGUR

Schauen Sie sich diesen Kreis an. Wo liegt sein Mittelpunkt?

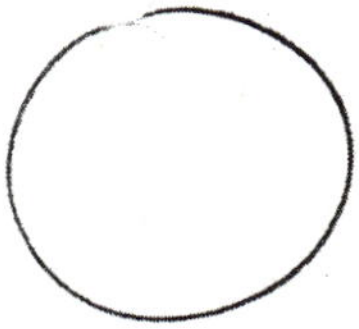

Obwohl der Mittelpunkt des Kreises nicht eingezeichnet ist, können wir ziemlich exakt bestimmen, wo er sich befindet. So verhält es sich auch mit der Charakterisierung der Hauptfiguren von Filmen und Serien: Die Umgebung macht den Mittelpunkt – nicht umgekehrt. Wie man einen Kreis um seine Hauptfigur bilden kann, möchten wir anhand einiger Beispiele zeigen.

1 Sich selbst erklären

Uns fällt immer wieder auf, dass sich die Protagonisten in Drehbüchern sehr häufig selbst erklärten. Dieses Phänomen ist weiter verbreitet, als man glaubt.

Hier ein einfaches Beispiel: Nehmen wir an, Sie schreiben gerade an einer Szene, in der Sie dem Zuschauer zeigen wollen, dass Ihre Figur emotional angeschlagen ist. Stellen wir uns folgende Szene vor: Marvin (17 Jahre) liegt im Krankenhaus. Er sagt Folgendes zu sich selbst:

```
KRANKENHAUS-ZIMMER                              INNEN / TAG

                        MARVIN
        Niemand besucht mich im
        Krankenhaus. Ich fühle mich einsam.
        Ich bin am Ende.
```

Damit steht zwar im Drehbuch eindeutig, was die Hauptfigur in dem Moment empfindet. Der Nachteil ist allerdings, dass wir als Zuschauer nicht so recht fühlen können, wie es WIRKLICH in Marvin aussieht. Sie kennen vielleicht das Sprichwort: „Wer noch sagen kann, dass es ihm schlecht geht, dem geht es eigentlich nicht schlecht!" Was uns als Zuschauer fehlt, ist der emotionale „Beweis", dass es auch wirklich so ist. Marvins Traurigkeit ist eine filmische „Behauptung". Wir als Zuschauer lieben es jedoch, mit den Figuren mitzufühlen.
Wagen wir einen Versuch und erweitern die Szene um einen Blickwinkel, indem wir eine Nebenfigur hinzufügen, zum Beispiel Marvins Bettnachbar. Die Szene könnte nun so verlaufen:

```
KRANKENHAUS-ZIMMER                              INNEN / TAG

Der Bettnachbar beugt sich hinüber zu Marvin.

                        MARVIN
        Ich bin wirklich am Ende. Niemand
        besucht mich. Ich fühle mich einsam.

                        BETTNACHBAR
        Das sieht man. Du hast ja auch die
        ganze Nacht kein Auge zugemacht.
        Bestell dir bei der Schwester mal
        ne Schlaftablette. Noch so eine
        Nacht stehst du nicht durch.
```

In diesem Fall bestätigt der Bettnachbar die Wahrhaftigkeit der Aussage, die getroffen werden soll: Marvin geht es mies.
Gehen wir noch einen Schritt weiter und lassen Marvin nicht zu Wort kommen, um sich zu erklären. Dann könnte die Szene so verlaufen:

KRANKENHAUS-ZIMMER INNEN / TAG

Der Bettnachbar tritt an Marvins Bett heran und steht mit Krücken vor ihm.

BETTNACHBAR
Du siehst scheiße aus, Kumpel.
Bestell dir bei der Schwester mal
ne Schlaftablette. Noch eine Nacht
ohne Schlaf stehst du nicht durch.
Und ich auch nicht.

In dieser Variante der Szene ist es noch klarer, dass es Marvin schlecht geht, da der Bettnachbar aus eigenem Antrieb auf ihn zugeht. Was der Nachbar erlebt und beobachtet hat, bringt ihn dazu, etwas zu unternehmen. Er quält sich aus dem Bett und geht mit Krücken an dessen Bett, um ihn direkt anzusprechen. Was für ein Aufwand - es muss etwas Ernstes sein.
Man kann die Szene aber auch anders gestalten. Nehmen wir mal an, die Hauptfigur kommt nicht zu Wort und taucht auch gar nicht auf.

KRANKENHAUS / FLUR INNEN / TAG

Mitten in der Nacht. Der Bettnachbar von Marvin schleicht sich mit Krücken unterm Arm auf den Flur des Krankenhauses und spricht eine Krankenschwester an.

BETTNACHBAR
Können Sie dem Kerl neben mir mal ne Schlaftablette geben?

KRANKENSCHWESTER
Wieso, was ist denn los?

BETTNACHBAR
Der heult schon die halbe Nacht, will aber nicht drüber sprechen.

KRANKENSCHWESTER
Marvin hatte seit vier Tagen keinen Besuch. Selbst seine Eltern waren nicht hier. Ich hab gehört, dass es Streit gab. Ich geh gleich mal hin.

KRANKENHAUS-ZIMMER INNEN / TAG

Kurze Zeit später betritt die Krankenschwester Marvins Zimmer. Im Halbdunkel sieht man Marvin, der auf die Seite gerollt in seinem Bett liegt und aus dem Fenster blickt. Die Schwester geht auf ihn zu und legt fürsorglich die Hand auf seine Schulter. Wir hören ein leises Schluchzen.

Diese vier Beispielszenen zeigen, dass es einen Unterschied macht, ob die Figur über sich selbst spricht, oder ob es Nebenfiguren tun. Unsere Erfahrung zeigt, dass der Leser der Drehbücher (und später der Zuschauer) es als emotional glaubhafter empfindet (beziehungsweise die Glaubwürdigkeit gar nicht erst in Frage stellt), wenn ÜBER die Hauptfigur gesprochen wird. Mit dieser Methode kann die Glaubhaftigkeit von Empfindungen gesteigert werden. Ein tieferes Verständnis für die Figur kann so entstehen.
Ein weiterer Vorteil: Wenn Marvin aus diesem Gefühl heraus etwas unternimmt (er beginnt zu rauchen, flippt aus oder ruft in der Nacht seine Schwester an), dann sind diese Handlungen wunderbar motiviert. Auf diese Weise kann sich Marvin im

Laufe der Geschichte als Persönlichkeit entwickeln. Und für diese Entwicklung der Hauptfigur sind Nebenfiguren Gold wert.

Der Regisseur Clint Eastwood inszeniert mit Vorliebe Hauptfiguren, die nicht besonders viel über sich erzählen. Das müssen sie auch nicht, denn das übernehmen meist Eastwoods Nebenfiguren. In „Million Dollar Baby“ ist es die Nebenfigur Scrap, der beste Freund von Hauptfigur Frank: Er führt uns durch den Film und bringt uns Franks Charakter durch ein Voiceover nahe.

Maggie „Tochter“	**Scrap** Vermittler	**Frank** „Vater“

Frank versucht seit Jahren, Kontakt zu seiner Tochter aufzubauen. Es muss in der Vergangenheit einen großen Streit gegeben haben, der nicht näher beschrieben wird. Und Frank leidet darunter, dass sie ihm nicht vergibt. Eines Abends, Frank kommt von der Arbeit nach Hause, findet er einen Brief an der Tür. Es ist ein Brief, den er selbst geschrieben hat – an seine Tochter. Sie hat die Post ungeöffnet zurückgehen lassen – „Annahme verweigert“. Frank ist offensichtlich getroffen durch diese Zurückweisung. Er nimmt den Brief, öffnet seine Abstellkammer und greift dort nach einer Box. Die ist bereits voll von Briefen an seine Tochter. Alle kamen ungelesen zurück. Er legt den neuen Brief zu den anderen dazu.
Diese Sehnsucht nach seiner Tochter ist die emotionale Basis des Films. Um seine Sehnsucht zu zeigen, taucht eine weibliche Nebenfigur in der Geschichte auf: Die junge Boxerin Mag-

gie wird im Laufe der Geschichte die (neue) Tochter, nach der Frank sich sehnt. Doch zunächst weist Frank die junge Boxerin ab – er weigert sich, sie zu trainieren. Er trainiere aus Prinzip keine Frauen, sagt er. Ein Prinzip, mit dem er sich selbst schützen will. Die Nebenfigur Scrap, der treue Freund, der klug genug ist zu sehen, dass beide füreinander bestimmt sind, sorgt dafür, dass Frank Maggie doch eines Tages trainiert und letztlich große Erfolge mit ihr feiert.
Frank und Maggie hätten ohne fremde Hilfe nicht zueinander gefunden, zu stark ist die Verbitterung Franks. Sich wieder einem Menschen (gar einer jungen Frau) zu öffnen, scheint für Frank unmöglich. Scrap hat als Nebenfigur die Rolle eines Vermittlers. So fördert Scrap die persönliche Entwicklung von Frank über die ganze Strecke des Films.

Interessant ist insbesondere das Ende des Films. Frank ist nach den dramatischen Ereignissen abgetaucht. Das Voiceover des Films entpuppt sich als langer Brief, den Scrap an die leibliche Tochter Franks geschrieben hat. Er hatte die stille Hoffnung, dass er bei ihr Gehör finden und sie sich doch entschließen könnte, ihrem Vater eine letzte Chance auf eine Versöhnung zu geben. Wenn man Gerüchten über die Entstehungsgeschichte des Films glauben mag – im Internet kursiert eine Drehbuchfassung des Films –, dann gab es im Script eine weitere Szene am Ende des Films. Darin sitzt Frank in einem Café und zur Tür herein kommt seine Tochter, mit Scraps Brief in der Hand. Eine Aussöhnung scheint möglich. Im Film ist diese Szene nicht enthalten, er endet lediglich mit dem Wissen des Zuschauers, dass Scrap einen Brief an die Tochter geschrieben hat. Was der Brief genau bewirkt, bleibt offen.
Unabhängig von der Frage, ob diese Szene dem Film geholfen oder geschadet hätte – es zeigt, wie zentral die Vater-Tochter-Beziehung für den Film ist. Die Boxerin Maggie als „neue Toch-

ter" und der Freund Scrap als „Vermittler" sind wichtige Nebenfiguren, die die Wunden der Vergangenheit von Frank sichtbar und überhaupt erst eine persönliche Entwicklung möglich machen. Ohne sie würde Frank als verbitterter Boxtrainer in Los Angeles sterben. Mit ihnen bekommt er tatsächlich eine zweite Chance bei seiner Tochter.

Wie im oberen Beispiel mit Marvin gezeigt wurde, sollte eine Hauptfigur selten über ihre eigenen Bedürfnisse sprechen, da sich dies für den Zuschauer in der Regel „behauptet" anhört. Über die Nebenfiguren zu gehen ist der bessere Weg. Viele Autoren überlegen deshalb, wie sie einen großen Teil des Dialogs, der die Gefühle der Hauptfigur zum Ausdruck bringt, auf die Nebenfiguren verlagern können.
Einer unserer Lieblingsautoren ist Sylvester Stallone (... ja, er ist ein ziemlich guter Drehbuchautor!). Er schreibt oft seinen Helden so wenig Dialog wie möglich zu und überträgt diesen auf die Nebenfiguren. Denn er weiß, dass seine Helden über ihre Gefühle nicht reden sollten, es würde sich für den Zuschauer verlogen anhören. Ein Action-Held debattiert nicht, sondern handelt und trifft Entscheidungen. Til Schweiger (... ja, auch ihn halten wir für einen guten Drehbuchautor) verfährt ebenfalls häufig nach diesem Prinzip. Überprüfen Sie einfach mal, ob Ihre Helden und Heldinnen zu viel über ihre Gefühle reden. Falls ja, wird es der Zuschauer schwer haben, diese als glaubwürdig zu erachten. Dabei ist es irrelevant, ob es sich um Gefühle wie Angst, Eifersucht, Scham oder Liebe handelt.

4. Die Nebenfigur ist wichtiger als die Hauptfigur

2 Figurenkonstellation

Eine Figurenkonstellation, die die Position des Protagonisten sehr deutlich werden lässt, gibt es in der amerikanischen TV-Serie „How I met your mother". Der 27-jährige Ted (Josh Radnor) erzählt seinen Kindern im Jahre 2030, wie er ihre Mutter kennengelernt hat. Neun Staffeln lang stellt sich der Zuschauer die Frage, welche der auftretenden Frauen wohl die Herzensdame ist. Der Erzähler in der Serie ist Ted, der als Familienvater Rückschau auf sein turbulentes Leben hält. Ihm zur Seite steht ein Ensemble von Figuren, die im weiteren Verlauf der Serie ebenfalls Lead-Funktionen bekommen. Im Zentrum der ersten Staffel steht allerdings zunächst Ted, der die Frau seines Lebens sucht.

Die Hauptautoren Carter Bays und Craig Thomas haben es geschafft, interessante Figuren um Ted herum zu gestalten, der – für sich betrachtet – die langweiligste Person in der Serie ist. Hierfür haben ihm Bays und Thomas zwei Männer an die Seite gestellt, die die inneren Pole von Ted symbolisieren. Marshall ist frisch verlobt mit seiner Jugendliebe Lily. Beide lieben sich auch nach all den gemeinsamen Jahren noch wie am ersten Tag. Sie haben dreimal am Tag Sex und leben mit dem guten Gefühl, den Partner fürs Leben gefunden zu haben. Marshall ist ein vorsichtiger, liebevoller, monogamer Typ, manchmal ein Angsthase, eher konservativ und der „Junge vom Dorf". Marshall (mit Lily) steht für das Leben, das Ted haben will. Das Leben, von dem Ted sich verabschieden möchte, wird durch Barney vertreten. Barney ist ein rücksichtsloser Weiberheld. Er ist promiskuitiv, trinkt gerne, liebt das Chaos und spielt sich gerne als Ratgeber für Ted auf. Barney ist egoistisch und sieht es als seine Mission an, Ted zu verkuppeln.

Tags Charakterisierung Figurenkreis Möglichkeiten

 **Marshall** hat seine Liebe gefunden	 **Ted** sucht die Liebe	 **Barney** will sich nicht binden
Jurist, treu, bodenständig, ängstlich, vorsichtig, konservativ, kommt vom Land	Architekt, sensibel, grübelt viel, sucht „die Richtige", wählerisch, impulsiv, spontan	Banker, rücksichtslos, versaut, promiskuitiv, sieht sich als „Teufel", Draufgänger

Erst durch diese beiden männlichen Figuren können wir die Sehnsüchte, inneren Monologe und Antriebe von Ted verstehen. Marshall und Barney sind wahre Experten im Finden der großen Liebe, aber von jeweils entgegengesetzten Standpunkten aus. Oft muss Ted sich zwischen den Sichtweisen der beiden Nebenfiguren entscheiden und dabei seinen eigenen Weg entdecken. Das macht die Sache spannend und lässt Ted zwischen beiden Polen sichtbar hin- und herpendeln. Man fragt sich als Zuschauer immer wieder, wie Ted als wankelmütiger Charakter seine Entscheidungen treffen und mit den Konsequenzen umgehen wird. Und weil es sich um eine Sitcom handelt, wird der Zuschauer immer wieder von der Impulsivität seiner Entscheidungen überrascht. So entsteht Humor. Gleichzeitig bringen seine falschen oder auch richtigen Entscheidungen stets die Handlung aktiv voran. Ted wird erst durch die Nebenfiguren zur Hauptfigur, sein Charakter ist darauf angewiesen, sich von den anderen Figuren abzustoßen und so die eigene Entwicklung aktiv voranzutreiben.

3 Zukunft, Vergangenheit

Da in „How I met your mother" jeder Charakter seine eigene Welt in die Story einbringt, bekommen wir als Zuschauer auch einen Ausblick, wie die Zukunft von Ted aussehen könnte. Findet Ted die richtige Frau, sehen wir durch Marshall und Lily bereits im „Heute" wie solch eine Beziehung aussehen könnte. In all seinen Formen und Farben. Will Ted das?
Der promiskuitive Barney steht im Gegensatz dazu für die Vergangenheit, eine Zeit, die Ted gerne abschließen würde: die ewige Suche, ohne sich wirklich auf eine Frau einzulassen. Wird Ted nicht die richtige Frau finden, dann könnte er so werden wie Barney. Will Ted das? Im weiteren Verlauf der Serie entscheidet sich Ted für seinen eigenen Weg, um sich als Mensch zu finden.

Dass Nebenfiguren einen Blick in die Vergangenheit und in die Zukunft des Protagonisten geben, ist in Filmen aller Genres sehr häufig der Fall. So zum Beispiel in „Star Wars". Obi-Wan Kenobi ist in seiner Weisheit, Moral und Kampfkunst ein Ausblick in die Zukunft des jungen Luke Skywalker. Wird er Obi-Wan Kenobis Weg gehen oder sich für den entgegengesetzten Weg des Imperators entscheiden? Diese Frage beim Zuschauer hervorzurufen, bringt diesen dazu, die Hauptfigur besser zu verstehen. Denn man stellt sich diese Fragen immer selbst und sucht unbewusst nach einer eigenen Antwort.

In „Ziemlich beste Freunde" droht der Stiefbruder der Hauptfigur Driss, ins kriminelle Milieu abzurutschen – eine Metapher für Driss' altes Leben. Driss will seinen Stiefbruder mit allen Mitteln aus dieser Situation befreien; vermutlich, weil er früher die gleichen Dummheiten gemacht hatte und deswegen im Gefängnis landete. Die Nebenfigur des Stiefbruders erlaubt also einen Blick in die Vergangenheit und sogar auch einen Blick in eine mögliche Zukunft: Wird Driss irgendwann rückfällig? Ein toller Effekt dieser Nebenfigur ist zudem, dass wir verstehen lernen, was Driss abschütteln möchte. Wenn man weiß, woher er stammt, ist es eine große Leistung, ein „sauberes" Leben zu führen. Schafft er es, sich von seinem alten, kriminellen Milieu zu lösen, dann hat er unseren Respekt als Zuschauer. Dabei drücken wir ihm innerlich die Daumen. So entsteht Empathie für Driss.

4 Möglichkeiten, Wünsche

Zukunfts- und Vergangenheitsfiguren sind nicht die einzigen Typen, die man um die Hauptfigur kreisen lassen kann. Oft symbolisieren Figuren auch eine Möglichkeitsform des Helden oder seine Wünsche finden durch sie ihren Ausdruck.
Beispiel: Wenn ein kleiner Junge ein Schwimmbad betritt und mit großen Augen einen gleichaltrigen Jungen beobachtet, wie dieser selbstbewusst vom 10-Meter-Turm herunterspringt, dann entsteht bei unserem kleinen Helden der Wunsch, so zu springen wie er – wie ein strahlender Sieger. Sieht er eine Minute später einen Jungen, der am gleichen Sprung scheitert und aus Angst wieder die Leiter des Turms herunterklettert, so sieht er eine weitere Option seiner Zukunft. Der Junge könnte auch auf die Idee kommen, den Sprungturm gar nicht erst zu betreten. Das wäre natürlich eine dritte Option. Doch erst durch die Handlungen solcher Nebenfiguren werden die Möglichkeiten ausgebreitet.

Natürlich könnte der Junge diese Gedanken auch haben, wenn er auf dem Fahrrad zum Schwimmbad fährt, aber mit Gedanken können wir im Film nicht viel anfangen, sie müssen visualisiert, in Situationen verpackt werden und mit den Nebenfiguren eine Stimme bekommen. Sonst hat man einen Roman, keinen Film.

5 Das kleinere Übel

Durch Nebenfiguren kann man sogar Figuren für den Zuschauer gewinnen, die moralisch zwiespältig sind. Zum Beispiel Gangster. In „Pulp Fiction" werden die beiden Killer Vincent und Jules als Auftragsmörder eingeführt, indem sie sich vor ihrem ersten Auftrag über recht banale Dinge unterhalten. Sie legen dabei eine Menge Humor an den Tag. Ihr Boss, Marsellus Wallace, hingegen scheint eher humorlos zu sein und ist in seinem Auftreten noch boshafter und zwielichtiger als die beiden Killer. Durch den Kontrast zu Figuren wie Wallace erscheinen die Auftragsmörder viel gewöhnlicher als zunächst angenommen. Es wurde bereits im Drehbuch darauf geachtet, dass das Milieu in seiner Härte oder Gewalttätigkeit verschärft dargestellt ist. Wir Zuschauer, ausgestattet mit einer großen Bereitschaft, uns mit jemandem zu identifizieren, entscheiden uns für das kleinere Übel – in diesem Fall für Vincent und Jules.
In einer Komödie gibt es eine ähnliche Herangehensweise: Hier wird die Umgebung in seiner Verrücktheit und Skurrilität kräftig angehoben. In Filmen wie „Täglich grüßt das Murmeltier", „Hangover" oder „Zurück in die Zukunft" sind fast alle Nebenfiguren noch komödiantischer gezeichnet als die Hauptfiguren. Im Vergleich zu ihnen wirken die Ängste, Sorgen und Ziele der Hauptfigur fast schon normal, obwohl sie oft alles andere als normal sind. Unabhängig davon in welchem Genre ihre Geschichte angesiedelt ist: In einer durchgeknallten Welt wirkt Ihre Figur viel normaler.

6 Kleindarsteller & Komparsen

Auch Kleindarsteller und Komparsen können für die Hauptfigur von Bedeutung sein. Es ist immer wieder zu beobachten, wie im deutschen Fernsehen in Filmen und Serien an Komparserie, aber auch an kleinen Figuren gespart wird. Das hat finanzielle Gründe, selten inhaltliche. Amerikanische Filme und Serien sparen hier selten. Es wimmelt dort vor lauter Komparsen und Kleindarstellern, die zwar keine Sätze sprechen, aber durch ihre Anwesenheit die Geschichte in den richtigen Kontext rücken oder zumindest den Status / die Position der Figur definieren. Sie halten die ganze Szenerie und das Setting lebendig. Die Scriptdoktorin Linda Seger hat in ihrem Buch „Von der Figur zum Charakter" dazu Folgendes geschrieben:

> *Mütter müssen Kinder um sich haben, um zu zeigen, dass sie wirklich Mütter sind. Firmenpräsidenten haben Vizepräsidenten, Sekretärinnen, Chauffeure und Bodyguards. Kassierer im Restaurant sind von Kellnern, Managern, Köchen, Aushilfskellnern und Stammgästen umgeben. Wie viele solcher Figuren Sie einsetzen und wie stark man sie herausstreicht, hängt von den Erfordernissen der Geschichte ab. Doch ohne wenigstens ein paar von ihnen wird die Position des Protagonisten nicht deutlich.* [2]

In „Dirty Dancing" wäre Baby nie selbst auf die Idee gekommen, Tanzen könnte eine Form der Emanzipation sein, wenn sie nicht eines Nachts all die coolen Tänzer entdeckt hätte. Diese Gruppe von Tänzern hat einen Mann an der Spitze, den Coolsten von allen: Johnny.

Und: Erst durch die Nebenfigur der Tänzerin Penny, die Babys Vorbild ist, oder durch ihre zickige Schwester, von der Baby sich absetzen will, ihren Vater, der das konservative Männerbild widerspiegelt, kommt Babys persönliche Entwicklung ins Rollen.

Eine große Komparserie kann noch viel mehr leisten. Durch sie lernt der Zuschauer, was Normalität (oder Alltag) ist – im direkten Vergleich zu den dramatischen Entwicklungen, die meist im Zentrum der Geschichte stehen. Zum Beispiel kann man durch eine große Gruppe von Menschen, die auf einem Weihnachtsmarkt zusammen lachen, sich umarmen oder Geschenke füreinander kaufen, einen großen Kontrast aufbauen. Stellen wir uns vor, wir sehen in der nächsten Szene einen Mann, der in seiner leeren Wohnung sitzt. Gäbe es die erste Szene nicht, würden wir nur sehen, dass der Mann allein ist. Aber mit der Szene auf dem Weihnachtsmarkt können wir erleben, dass er einsam ist. Das ist ein großer Unterschied.

7 Praktischer Nutzen

Dies waren nur einige Gründe, warum gute Nebenfiguren, die den Kreis um die Hauptfigur bilden, dessen Entwicklung und Gefühle nachvollziehbar machen. Betrachten wir noch einmal den Figurenkreis zu Kapitelbeginn. Die Hauptfigur ist umgeben von Nebenfiguren. Was bleibt übrig, wenn wir sie aus der Mitte herausnehmen? Ergeben die Nebenfiguren in all ihren Facetten und Charaktereigenschaften die Wünsche, Ängste, Ziele, Vergangenheit, Zukunft Ihrer Hauptfigur? Falls das bei einer oder auch mehreren Nebenfiguren nicht der Fall sein sollte, so ist / sind sie vermutlich überflüssig und wird / werden spätestens am Schneidetisch aus dem Film herausgenommen oder reduziert. Korrigieren Sie es besser schon im Drehbuch, das erspart Zeit und Ärger. Und auch die Schauspieler werden dankbar sein, dass die Charakterisierung der Hauptfigur nicht einzig und allein auf den Schultern des Hauptdarstellers lastet. Die dargestellte Figur kommt seltener in die Verlegenheit, sich selbst zu erklären. Stattdessen gilt ein altes Theatersprichwort: „Den König spielen die anderen."

CHECKLISTE

- » Lässt sich um Ihre Hauptfigur ein Kreis mit Nebenfiguren bilden?
- » Erklärt sich Ihre Hauptfigur oder übernehmen dies Nebenfiguren?
- » Spiegeln sich in den Nebenfiguren die Zukunft und Vergangenheit oder die Möglichkeiten und Wünsche der Hauptfigur?
- » Sind in Ihrer Komödie die Nebenfiguren überzeichnet?
- » Was bedeuten Komparsen in Ihrer Geschichte? Welche Welt sollen sie zeigen?

5. WEIGERUNG

Jungs sind doof! Und trotzdem werden Frauen sie Jahre später heiraten!

Schauen wir uns an, wie solch ein Weigerungsschritt in einem Film aussieht. Dafür blicken wir auf eine Szene aus „Fack ju Göhte". Die Hauptfigur des Films, der attraktive Zeki, hat sich als Lehrer an eine Schule gemogelt und lebt seit kurzem bei seinen beiden Arbeitskolleginnen im Haus: Caro und Lisi. In einer Szene des Films steht der neue Mitbewohner Zeki in der Küche und isst eine Handvoll Lasagne. Die beiden Freundinnen sitzen auf der Couch und bereiten den Unterricht für den nächsten Tag vor. Als Zeki das Zimmer verlässt, guckt Caro ihm interessiert hinterher.

Lisi: Was guckst Du den immer so an – so angesext.
Caro: Du musst nicht eifersüchtig sein. Der ist mir zu klein. Wenn ich dem einen blasen will, dann muss ich mir ja vorher ne Kuhle graben.
Lisi: Ich will nichts von dem!
Caro: Du, wenn er erstmal drin ist, tut´s auch gar nicht mehr weh.
Lisi lacht.
Caro: Und der kann garantiert richtig gut ficken. Übrigens: Ich hab den als Begleitperson für dich beim Schwimmen eingetragen.
Lisi: Oh Caro... Ich will nichts von dem!

Die Unterhaltung hätte auch anders verlaufen können. Hier eine Variante:

Caro: „Bist du in ihn verknallt?"
Lisi: „Ja."

Die erste Variante ist lang, die zweite kurz. Doch am ersten Beispiel zeigt sich, dass der Umweg viel zielführender ist. Zu Beginn des Films findet Lisi Zeki doof. Später werden beide tatsächlich ein Paar. Und der (Um)Weg bis dorthin macht einen großen Teil des Films aus. Einige Zeit später gibt es im Film eine Pendant-Szene, in der Zeki ebenfalls leugnet, etwas von Lisi zu wollen. Doch Charlie, seine beste Freundin, sieht bereits klarer und zieht Zeki ein bisschen auf, indem sie ein großes Herz an die Decke des Striplokals beamt. In dem Herz steht: Zeki + Lisi. Er ruft zu Charlie rüber: „Mach das aus!" Die Weigerung der beiden, sich selbst und dem anderen einzugestehen, dass sie sich mögen, ist eine der Triebfedern des Films. Beide sind in ihrem Charakter stark gegensätzlich, sodass es eine ziemliche Weile dauert, bis die Zuneigung zum Vorschein kommt und zugeben werden kann.

Nicht nur Kinofilme, sondern auch alle Comedyserien machen Weigerungen oder Lügen zu einem Hauptbestandteil ihres Gagrepertoires. Oft werden zum Beispiel Notlügen über einen langen Zeitraum aufrechterhalten, um dann irgendwann auffliegen oder zugegeben zu werden.

Hinter dem Leugnen steckt oft die Angst, vom anderen abgelehnt zu werden. Diese schmerzhafte Erfahrung möchte man natürlich vermeiden. Deshalb ist das Weigern oder das Leugnen der Zuneigung zunächst der beste Schutz, die Gefahr einer Ablehnung in weite Ferne rücken zu lassen. Und für Autoren ist es eine gute Möglichkeit, sich einer Figur zu nähern und ihre Bedürfnisse glaubhafter zu erzählen. Figuren werden

wahrhaftiger, weil sie ihre Gefühle zunächst ablehnen, abzuschütteln versuchen oder leugnen – nur um dann später in der Geschichte doch davon übermannt zu werden, weil die Zuneigung nicht mehr unterdrückt werden kann. Erst diese „Entladung", im englischen *Relief* genannt, macht eine Situation emotional.
Im Kino und im Fernsehen gibt es viele Reliefs, aber die meisten lassen uns als Zuschauer kalt. Oft liegt es daran, dass die erste Stufe, die Weigerung, ausgelassen wurde. Solche Entwicklungen sind keine Dinge, die man am Set improvisieren kann – sie sollten bereits im Drehbuch verankert sein.

Figuren können ihre Gefühle oder Informationen über sich erst dann preisgeben, wenn sie entweder unter Druck stehen, aus einer Not heraus handeln müssen oder es zum eigenen Selbstschutz vorziehen, endlich die Wahrheit zu sagen. Schauspieler, die zu früh einen Relief spielen müssen, weil es die Szene und der Zeitdruck am Set so verlangt, fangen dann an zu ÜBERspielen und zu viele Emotionen in einzelne Gesten und Sätze zu legen. Innerlich geht man dann auf Distanz zur Figur, weil ein natürlicher Emotionsverlauf verkürzt wurde.

1 Perfekte Figuren

Vorsicht ist geboten, wenn eine Figur zu brillant darin ist, neue Impulse in ihrem Leben nicht an sich heranzulassen und abzublocken. Wenn Lisi aus „Fack ju Göhte" die Weigerung in aller Konsequenz durchziehen würde, hätte Zeki keine Chance, bei ihr zu landen und sie stünde am Ende alleine da. Damit beschützt sie sich zwar sehr erfolgreich vor Veränderungen, aber man sollte der Figur schon ein bisschen anmerken, was sie im Herzen begehrt. Seinen größten Schatz (oder die Angst dahinter) zu beschützen ist gut, damit Erfolg zu haben wäre jedoch fatal für die persönliche Entwicklung der Figur.

2 Rocky und der erste Kuss

Auch wenn man nur Teile von Filmen untersucht, kommt Weigerung zum Vorschein, besonders oft bei Nebenfiguren. Wenn Sie sich „Rocky" ansehen, stellen Sie fest, dass die Liebesgeschichte zwischen Rocky und Adrian eine schwere Geburt ist. Rocky findet Adrian super, er ist die treibende Kraft. Sie ist schüchtern und man kann nicht so recht ausmachen, ob sie ihn auch mag. Viel Geduld und Zeit opfert Rocky, um Adrian davon zu überzeugen, ihn zu küssen... und selbst beim ersten Kuss zögert sie noch.
Der Autor (Sylvester Stallone) lässt sich für das Kennenlernen 20 Minuten Zeit; viel Zeit für einen Film von 119 Minuten, der noch viele andere Erzählstränge hat - und das war erst der Anfang der Liebesgeschichte! Adrians Zögern fordert Rocky heraus, er muss zeigen, dass er am Ball bleibt, sie wirklich will. Sie spricht kaum, verzögert. Nur manchmal zeigt sie, wie sehr sie sich wünscht, von einem Prinzen aus ihrem Leben befreit zu werden. Als Rocky bei ihr vor der Tür steht, um zu fragen, ob sie mit ihm ausgehen möchte, öffnet sie die Tür und ist bereits fertig angezogen. Eine schöne Art zu zeigen, dass sie ihn mag. Das lässt Rocky hoffen. Ein gutes Signal, das ihm Kraft gibt durchzuhalten: ein Zwischenerfolg. Aber er muss sich jeden Schritt hart erarbeiten. Wir dürfen dabei nicht vergessen, dass Adrian „nur" eine Nebenfigur im Film ist. Der Autor und Schauspieler Sylvester Stallone hat bewusst drauf geachtet, dass die Figur Adrian sich verweigert und zögert. Er wusste, dass dadurch die von ihm gespielte Figur Rocky an Glaubwürdigkeit gewinnen wird. Indem Rocky sich nicht ab-

wimmeln lässt, sehen wir, dass er Adrian tatsächlich mag bzw. liebt. Rocky geht aufs Ganze, wenn ihm etwas wirklich am Herzen liegt. Er gibt auch nicht auf, als er die Gelegenheit auf einen Titelkampf bekommt. Die Chance, Apollo Creed im Ring zu schlagen, sind in etwa so hoch wie Adrian von sich zu überzeugen. Aber Rocky hat Geduld, steckt viel ein, bleibt sich treu und geht seinen Weg. Später, in „Rocky 2" kann er Apollo dann tatsächlich besiegen und wird Weltmeister.

Nicht nur in „Rocky" oder „Fack ju Göhte" wird sich lange gewunden, bis das Gefühl des Verliebtseins zugegeben wird oder es überhaupt zum ersten Kuss kommt:

- » In **Dirty Dancing** kommt es zum Kuss erst in der Mitte des zweiten Aktes.
- » In **Pretty Woman** gibt es den Kuss erst am Ende des zweiten Aktes.
- » In **Lost in Translation** kommt es nie zum Kuss, obwohl er gewissermaßen in der Luft liegt.

Je länger Sie das Gefühl des Verliebtseins hinauszögern können, umso mehr wird sich der Zuschauer nach diesen Gefühlen sehnen und hoffen, dass sie sich erfüllen. Je stärker sich die Figuren weigern, ihre tiefen Gefühle zuzugeben, umso mehr wächst die Eigenbeteiligung des Zuschauers. Der Zuschauer fragt sich: Wann werden die Figuren endlich über ihren Schatten springen, um ihre Liebe zueinander einzugestehen? Solche Fragen binden den Zuschauer an den Film.

Tags Verarbeitungsphasen Kopfkino Geheimnis

3 Eigenbeteiligung

Bei „Pretty Woman" ist das Kopfkino fast größer als das echte Kino auf der Leinwand: Vivian verbietet es Edward, sie zu küssen. Schließlich ist er ein Kunde – und in Kunden verliebt man sich nicht als Prostituierte. Umgekehrt sowieso. Tun sie es irgendwann trotzdem? Das Verbot, sich zu küssen, ist eine gute Metapher, um zu zeigen, was Vivian wichtig und mit dem Verbot bitteschön zu schützen ist: Vertrauen und echte Intimität. Dies ist ihr besonders wichtig, weil sie täglich Sex am Straßenrand verkauft und er dadurch für sie an Wert verloren hat. Wann wird sie ihre intime Grenze aufheben und zugeben, dass sie sich in Edward verliebt hat? Wird Edward, der sich dasselbe Verbot auferlegt hat, Vivian küssen? Diese inneren Fragen binden uns an die Figuren mehr als ein kitschiges Liebeslied von Roxette.

4 Facetten der Weigerung

Das Thema „Weigerung" ist aber etwas weiter gefasst als in diesen Beispielen beschrieben. Die Weigerung hat viele Gesichter:

» jemanden anlügen
» eine Information verschweigen
» eine Aktion vermeiden, aufschieben oder ablehnen
» jemanden beleidigen
» etwas ausschlagen
» etwas Offensichtliches ignorieren
» etwas leugnen
» etwas aktiv verhindern, was man im Herzen eigentlich tun möchte

» ein privates Geheimnis bewahren und niemandem davon erzählen

Einige Beispiele:

» **Titanic**: Die betagte Rose erzählt niemandem, dass sie das Diamantencollier „Herz des Ozeans" schon immer bei sich getragen hat.
» **Good Will Hunting**: Will verschweigt, wie mathematisch begabt er ist.
» **Mr. und Mrs. Smith**: Das Ehepaar lügt sich gegenseitig an, was sie in Wirklichkeit sind: Profikiller.
» **Dirty Dancing**: Baby erwähnt mit keinem Wort, dass sie mit Johnny zusammen ist und belügt ihren Vater, wofür sie das geliehene Geld benötigt.
» **Good Bye, Lenin!**: Alexander spielt der kranken Mutter vor, dass die DDR noch existiert.
» **Shrek**: Die Prinzessin Fiona verschweigt Shrek, dass sie ein Oger ist.
» **Romeo und Julia**: Beide verschweigen ihren verfeindeten Familien, dass sie sich lieben.
» **Fack ju Göhte**: Zeki verschweigt allen, dass er kein Lehrer ist.

Bei vielen erfolgreichen Filmen wird das Geheimnis der Figuren fast bis zum Ende des Films aufrechterhalten, um dann von den Figuren endlich gelüftet zu werden. Die Figur erfährt dadurch den größten Teil des Wandels: indem sie ihr Geheimnis offenlegt.

In allen Filmen, Sketchen, Musicals, Romanen etc. wird gelogen, aufgeschoben, verheimlicht, verschleiert oder verschwiegen, bis sich die Balken biegen. Warum wird das getan? Unter

den vielen Gründen, findet sich einer, der uns besonders am Herzen liegt: Es bringt uns der Figur näher, die sich windet und weigert. Die oben genannten Beispiele „Fack ju Göhte" und „Rocky" zeigen, wie die Mittel der Weigerung innerhalb einer Szene oder eines Nebenstranges den Film bereichern können.
Eine Figur sich weigern zu lassen hat jedoch noch weitere Auswirkungen. Zum einen kann man erkennen, ob sich die Figur im Laufe der Geschichte wirklich verändert. Zum anderen leitet die Ablehnung von etwas erst eine fundamentale Veränderung ein. Das, was man „nicht will", am Ende aber doch tut, ist eine große Leistung und Überwindung. Wird die Weigerung schnell aufgegeben, ist der Weg zur Veränderung nicht mehr so lang und die Überwindung viel geringer.

In „Ziemlich beste Freunde" ziert sich Driss zunächst, dem Querschnittsgelähmten Philippe die Strümpfe anzuziehen und ihn dann auch noch „den Arsch auszuleeren". Im weiteren Verlauf wird klar: Mit dieser Weigerung kommt Driss nicht durch. Er macht es natürlich irgendwann. (Den tatsächlichen Vorgang sieht man dabei glücklicherweise nicht.) Doch Driss hat für sich und somit für den Zuschauer eine Wandlung vollzogen.

5 Fünf Phasen des Wandels

Psychologisch gesehen hat eine Weigerungshaltung einen tieferen Sinn. Sie zeigt die Angst vor einem Umbruch. Wenn etwas Unerwartetes geschieht, wenn zum Beispiel ein Familienmitglied stirbt, ist der Schock so groß, dass man für dessen Verarbeitung mehrere Phasen durchlaufen muss.
Die schweizerisch-amerikanische Psychologin Elisabeth Kübler-Ross hat sich damit beschäftigt, wie Menschen reagieren,

5. Weigerung

wenn sie um einen geliebten Menschen trauern. Dabei hat sie die 5 Phasen der Trauer beobachtet.

1. Leugnen
2. Zorn
3. Verhandeln
4. Depression
5. Annehmen / Akzeptanz

Erst wenn der Mensch (und in unserem Fall Filmfiguren) alle fünf Phasen durchlebt hat, kann er sein Schicksal akzeptieren und eine echte Veränderung seiner Persönlichkeit erfahren. Somit ist ein Entwicklungsverlauf in der Natur des Menschen bereits angelegt und wir können diesen als Orientierung gut nutzen. Solch eine Entwicklung von Filmcharakteren findet sich auch in den drei Akten einer klassischen Filmdramaturgie (siehe: Syd Field) oder in der „Reise des Helden" (siehe: Joseph Campbell) wieder. Doch solche Modelle haben uns bei der Entwicklung einer Geschichte im praktischen Sinne nicht immer weiterhelfen können. Beim Schreiben einer Geschichte wirken sie wie ein strenger Lehrer, der einem ständig über die Schulter blickt: Das hemmt. Am besten helfen einem die fünf Phasen des Trauerns, wenn man sie als Strukturen begreift, die bei der Beurteilung und Überarbeitung eines Treatments oder Drehbuchs zum Tragen kommen. Wir haben festgestellt, dass diese fünf Phasen für die innere Entwicklung der Hauptfigur verständlicher sind als die meisten analytischen Dramaturgiekonzepte. Man kann mit diesem Verlauf auch bei Schauspielproben arbeiten. Wenn eine innere Entwicklung zu schnell oder zu langsam verläuft, kann man den Darstellern helfen, indem man ihnen sagt, in welcher Phase sie sich gerade befinden. Jeder Schauspieler wird das verstehen und dankbar sein, wenn er gut geführt wird. Meistens sind es sogar die

Schauspieler selbst, die spüren, wenn etwas im emotionalen Verlauf nicht stimmig ist.

Wie sind die Phasen zu verstehen? Wenn man vom Tod eines geliebten Menschen erfährt, glaubt man zuerst, dass es sich um einen Scherz handelt. Man lehnt das Ereignis blind ab. „Nein, das kann nicht sein!"... „Das passiert doch immer den anderen". Das ist eine automatische Reaktion. Wir versuchen, den „Schock" erst einmal von uns wegzuschieben, um Zeit zu gewinnen oder es nicht wahrhaben zu müssen.

Da es aber wahr ist, folgt Phase 2: Man wird zornig, auf sich und auf andere. Man wird wütend, flippt aus. Man zürnt eventuell darüber, dass man die Ereignisse hat kommen sehen oder ärgert sich, es nicht verhindert zu haben. Für den Psychologen C.G. Jung kann die Bewusstwerdung nur erfolgen, wenn sie mit Schmerzen verbunden ist. Schmerz ist wichtig, um eine Entwicklung voranzutreiben. Deswegen kann sich Zorn auch gegen einen selbst richten. Und versucht man, ihn unter Kontrolle zu bringen, schafft man es meist nicht: Man läuft im Kreis, macht etwas kaputt oder betrinkt sich etc.

In der dritten Phase, dem Verhandeln, beginnt die Auseinandersetzung. Man schaltet den Verstand ein und versucht schmerzhaft einzuordnen, was passiert ist. Viele Menschen führen dann Gespräche mit Freunden und Verwandten, suchen eine Auseinandersetzung im Glauben oder nehmen sich für alltägliche Dinge Zeit, die ihnen die Möglichkeit geben, den Schock sacken zu lassen.
Wenn man beginnt zu realisieren, was passiert ist, stellt sich eine Verzweiflung über den Verlust ein und man befindet sich in der vierten Phase, der Depression. Man kämpft noch mit sich, auf eine sehr erschöpfende Art, zieht sich zurück und

sucht die Isolation. Die Tee-Blätter senken sich langsam zum Boden der Tasse.
Dann erst folgt die Stufe der Akzeptanz. Eine schwierige Phase, in der wir die neuen Umstände unseres Lebens annehmen wie sie sind und die Vergangenheit loslassen. Erst jetzt sind wir bereit für ein neues Leben, in dem das Alte integriert ist. Neustart.

Soweit die Theorie. Diese Phasen laufen nie in dieser klaren und definierten Abfolge ab, oft stagniert man in einer Phase, ist z.B. lange wütend oder es kommt auch vor, dass man den Tod eines Menschen nie akzeptiert und die letzte Phase nie durchlebt. Oder man wird rückfällig, wenn man den Eindruck hat, den Tod der Person bereits akzeptiert zu haben. Dabei ist es lediglich eine Phase während der Depression und man verwechselt körperliche Kraftlosigkeit mit Akzeptanz. Die Phasen sind im Leben komplexer, verwirrender und von Rückschritten geprägt – also ganz anders als auf dem Papier. Doch für eine zielgerichtete, dramatische Handlung kann man sie wunderbar für den groben Verlauf einer Geschichte nutzen.
Die Phasen der Trauer sind auch übertragbar auf andere, einschneidende Erlebnisse, die uns selbst im Alltag oder unseren Filmfiguren wiederfahren. Wir sind nicht die Ersten, die diese Phasen für ihre Zwecke 'missbrauchen'. Der Autor Tony Buzan nutzt sie in seinem Buch „Change now!" beispielsweise als Phasen des Wandels. Und das trifft den Kern: Nicht nur die Trauer lässt sich so beschreiben, sondern auch einschneidende Ereignisse, wie die Trennung von einem Partner, der Bruch einer Freundschaft, wenn man betrogen wird, seinen Job verliert oder als Kind die Eltern beim Sex erwischt.
Figuren, die solche Umwälzungen erleben, müssen diese Phasen durchleben, damit ihre Entwicklung hin zu einer neuen Persönlichkeit sich vollziehen kann. Und der Zuschauer muss

diese Stufen, parallel zur Figur, mitgehen können. Alles andere ist für ihn nicht glaubhaft.

Was passiert, wenn diese Phasen nicht beachtet werden? In Fernsehkrimis beispielsweise werden diese Phasen gerne verkürzt dargestellt, damit man sich auf die Ermittlung der Kommissare konzentrieren kann. Nehmen wir eine Situation, wie man sie im Fernsehen häufig sehen kann: Ein Mord ist passiert und die beiden Kommissare besuchen die Ehefrau des Opfers, um ihr die Todesnachricht zu überbringen.
In solchen Szenen, in denen die Gefahr besteht, dass wir als Zuschauer zu großes Mitgefühl mit der Ehefrau haben, wird die Emotion der Frau stark verkürzt. Nachdem sie erfahren hat, dass ihr Mann gestorben ist, schnieft sie kurz in ihr Taschentuch und ist innerhalb weniger Augenblicke in der Lage, den Kommissaren Auskunft zu geben und formuliert bereits wieder geradlinige Gedanken. Das ist der Moment, in dem wir zusammenzucken, weil der emotionale Verlauf eines Schocks rapide abgekürzt wird. Die Figur wird für den Zuschauer unglaubwürdig und in letzter Konsequenz auch der Kriminalfall, den es zu lösen gilt. Denn wir als Zuschauer spüren instinktiv: Wer nicht richtig trauert, hat keinen großen Verlust erlitten. Und das tut ein bisschen weh beim Zuschauen.
Es ist aber verständlich, warum die Autoren des Krimis dies getan haben: Die Kommissare sind die Hauptfiguren! Mit ihnen sollen wir mitfühlen und gespannt sein, wie sie es schaffen, den vorliegenden Fall zu meistern. Alles, was dem im Wege steht, wird deshalb dramaturgisch in den Hintergrund geschoben. Gute Krimis halten die Balance: Sie schaffen es, dass man sowohl mit den Geschädigten und in ihrer Trauer (besser gesagt in ihrem Wandel) als auch gleichzeitig mit den Kommissaren mitfühlen kann.

Wenn die Drehbuchautoren die fünf Phasen vernachlässigen, hat man am Set als Regisseur ein Problem. Der Bruch oder die Auslassung einer Trauerphase ist für einen Schauspieler nicht spielbar: Für den Schauspieler, der das alles in einer kurzen Szene spielen muss, ist das zu viel. Und der Produzent oder der Redakteur glaubt dann, dass entweder der Regisseur oder der Schauspieler die Szene nicht retten konnte. Wir haben am Set oft die Erfahrung gemacht: Die Schauspieler können noch so brillant sein, der Zuschauer wird die Performance trotzdem als unglaubwürdig empfinden, weil er die Veränderung in all seinen Zwischenstufen nicht miterleben konnte. Dabei ist dieses „Miterleben" für die emotionale Führung des Zuschauers der rote Faden, dem die Szenen folgen sollten.
Aber es gibt natürlich mehrere Möglichkeiten, um in einem Krimi dieses Problem in den Griff zu bekommen. Drei übliche Vorgehensweisen sind:

- » Eine Nebenfigur einbauen, die weniger persönlich involviert ist und deshalb sprechen kann, während die Ehefrau in Ruhe die erste und zweite Phase zelebriert.
- » Einen kleinen Zeitsprung machen. Eventuell verbunden mit einem Ortwechsel. Die Kommissare trinken nun mit der Ehefrau einen Tee in der Küche. Dabei gibt sie die Informationen, die die Kommissare brauchen, um ihren Fall lösen zu können. So verliert die Tragödie der Frau ein wenig an Härte.
- » Die Szene mit einer Parallelhandlung unterbrechen, damit die Trauer im „Off" verarbeitet werden kann.

Tags Verarbeitungsphasen Kopfkino Geheimnis

6 Raum

Ein Beispiel wie die fünf Phasen des Wandels als grobe Struktur für eine Figurenentwicklung funktionieren können, ist in dem Film „Raum" zu sehen. Der Film ist (unter anderem) eine Variation von Platons Höhlengleichnis.
Der Film beginnt in einem geschlossenen Raum. Dort lebt die junge Mutter Joy mit ihrem fünfjährigen Sohn Jack. Es wird klar, dass beide dort gefangen sind, seit sieben Jahren. Sie hat ihren Sohn Jack dort zur Welt gebracht und aufgezogen. Der Entführer ist der Vater. Jack kennt also die Welt draußen nicht. Was er täglich sieht, ist das Fernsehprogramm und durch ein kleines Fenster in der Decke sieht er einen Teil des Himmels. Als die Mutter beschließt, aus dem Gefängnis zu fliehen, bereitet sie ihren Sohn innerlich darauf vor. Sie erzählt ihm, dass es noch eine Welt außerhalb dieser Wände gebe. Genauso wie sie im Fernsehen gezeigt werde. Jack hält das für eine Lüge (Leugnen). Er glaubt ihr nicht, weint und schreit sie an (Zorn).

So beginnt mit einer Abwehrreaktion die innere Entwicklung des Jungen, der lernen soll, eine andere Weltsicht zu verkraften. Und diese Entwicklung ist äußerst glaubhaft, weil die Abwehrreaktion des Jungen am Anfang dieser inneren Entwicklung steht. Und NUR wenn es am Anfang einer Figurenentwicklung diese Reaktion gibt, kann ein zorniger Ausbruch folgen, die erst glaubhaft zu einer substanziellen Veränderung führt. Ohne geht's nicht.

Keiner von uns Zuschauern war in einer ähnlichen Lebenssituation wie der Junge Jack in „Room", doch trotzdem entwickeln wir ein tiefes Mitgefühl für ihn. Wir sehen, über weite Strecken des Films, die Welt mit seinen Augen. Auch wir sehen nichts anderes als den Raum von innen.

Wir Zuschauer können aber mit der Mutter empfinden: Sie kennt (wie wir) die Außenwelt und weiß, welchen Schock ihr Sohn bekommen wird, wenn er zum ersten Mal diese Welt betritt, aber die Sichtweise des Jungen ist das, was die Wucht des Films ausmacht. Nachdem Jacks Zorn ein Tag später abgeklungen ist, wird er neugierig und fängt an, mit der Mutter darüber zu sprechen, was genau der Unterschied zwischen der abgebildeten Welt im Fernsehen und der realen Welt ist. Er versucht für sich alle neuen Infos in ein besseres Verhältnis zu setzen (Verhandeln). Nachdem ihr Sohn für die neue Welt empfänglicher geworden ist, entscheidet sie sich, ihm zur Flucht zu verhelfen. Die Flucht gelingt, Jack ist schockiert von den neuen Eindrücken und benötigt eine Zeit, um sich zu orientieren. Dabei verfällt er in eine Depression. Er isst nicht, spielt nicht, zieht sich zurück. Am liebsten würde er wieder zurück in seinen alten, liebgewonnen Raum zurückkehren. In der neuen Welt ist ihm alles zu viel und zu fremd (Depression). Aber er lernt dazu und macht erste Schritte in der neuen Welt, findet sogar einen Freund und seine Großeltern kümmern sich liebevoll um ihn. Der Entführer wird gefasst. Der Film endet, als Jack mit seiner Mutter den Raum noch einmal besucht. Während Joy der Besuch noch unbehaglich ist und den Raum nicht vollständig betreten mag, ist Jack freier und betritt ihn ohne Angst. Er verabschiedet sich von dem Raum und verlässt ihn mit leichter Wehmut. Dann ist der Film vorbei. Er endet, zumindest für Jack, mit Akzeptanz, der fünften Phase. Bei der Mutter ist der Prozess noch nicht abgeschlossen. Auch andere Filme enden, wenn die Hauptfigur bei der Akzeptanz angekommen ist:

» Will in **Good Will Hunting** muss akzeptieren, dass er seine (Ex-) Freundin Skylar doch liebt und sich für sein Verhalten entschuldigen muss, um die Beziehung zu retten.

Er setzt sich in seinen Wagen, fährt zu ihr und der Film ist vorbei.

- Baby hat in **Dirty Dancing** die Akzeptanz des Vaters erlangt und auch alle anderen Figuren respektieren die Beziehung zwischen Johnny und Baby. Die Hebefigur gelingt. Der Film endet hiermit.
- In **Findet Nemo** akzeptiert der Vater, dass er seinen Jungen Nemo nicht immer beschützen kann. Er lässt Nemo nun auch seine eigenen Entscheidungen treffen. Der Film ist zuende.

7 Einschränkung

Wir möchten Ihnen mit den fünf Phasen des Wandels / Trauerns keinen Masterplan zum Strukturieren Ihrer eigenen Geschichte an die Hand geben. Wir möchten darauf hinweisen, dass dieser Verlauf grundsätzlich in der Entwicklung des Films enthalten sein sollte, wenn es um große Umbrüche im Leben der Hauptfigur geht. Was ja meistens der Fall ist.
Sie müssen nicht mit jeder Figur und in jedem Erzählstrang bis zur Akzeptanz vordringen. Die Richtung sollte aber klar sein und wir möchten Ihnen dringend ans Herz legen, keine Phase zu überspringen. Der Zuschauer wird es Ihnen übelnehmen.
Die fünf Phasen des Wandels gelten nicht nur für dramatische Stoffe, sondern auch für Liebesfilme, Familienfilme, Komödien und andere Genres. Sie sind bei den Hauptfiguren verschiedenster Filmen zu beobachten: „Täglich grüßt das Murmeltier", „Miss Undercover", „50 erste Dates", „Harry und Sally", „Shrek", „Fack ju Göhte" und viele mehr. Allgemein gesprochen gelten die fünf Phasen für jede Figur, die eine echte Wandlung durchlebt.

8 Die erste Träne

Wann die Hauptfigur im Film zum ersten Mal weint, ist ein wichtiger Punkt, über den man in Meetings mit Autoren, Redakteuren oder Produzenten sehr gut streiten kann. Es kommt natürlich auf die Gegebenheiten der jeweiligen Geschichte an. Grundsätzlich haben wir aber die Erfahrung gemacht: Je später die erste Träne fließt, desto glaubwürdiger. John Rambo benötigt einen ganzen Film, um am Ende zu weinen.
Warum wurde so lange damit gewartet?

John Rambo fühlt sich heimatlos, ohne festen Bezugspunkt im Leben. All seine Freunde, seine Ersatzfamilie, sind tot (mit dem letzten Verstorbenen beginnt die Filmhandlung). Er hat an der Front in Vietnam für sein Volk gekämpft, aber als er wieder zu Hause ist, tritt ihm das Volk mit Ablehnung entgegen.
Er durchlebt sein Vietnam-Trauma noch einmal in der amerikanischen Kleinstadt. Am Ende erkennt er, dass die Dinge eskaliert sind, und gibt auf. Erst wenn der Zuschauer alle Phasen der Gefühle in der Handlung gesehen und erlebt hat, ist er bereit, die Tränen des Protagonisten zu glauben.
Es bricht aus Rambo heraus und er formuliert in der vorletzten Szene des Films, was ihn tief im Inneren bewegt. In vielen Filmen wird dieses NEED nicht ausgesprochen, Rambo tut dies: Er beklagt die mangelnde Wertschätzung im eigenen Land und den Verlust seiner Soldaten-Familie. Man kann bei ihm gut beobachten, wie lange er gegen seine inneren Schmerzen ankämpft, sich am Ende aber das NEED seinen Weg an die Oberfläche bahnt. Er will „dazugehören", ein anerkannter Teil der Gesellschaft sein und eine neue „Familie" finden. Das ist sein Antrieb, auch wenn er am Ende des Films seine Ziele nicht direkt erreicht.

Indem die Figuren ihre Ängste und Wünsche (auch ungewollt) unterdrücken, fügen sie sich selbst Schmerz und Leid zu. „Das Unterbewusste zu unterdrücken, heißt sich zu verstümmeln", sagt Regisseur und Autor Ingmar Bergman. [3]
Dass Rambo am Ende des Films weinend in den Armen von Colonel Trautman liegt, kommentiert der Co-Autor Sylvester Stallone im Audiokommentar zum Film wie folgt: „He needs love. Some kind of human contact. He is a father figure, and Rambo is the child". Colonel Trautman ist der Einzige, dem sich Rambo öffnen und der ihn zur Aufgabe des Krieges bewegen kann.

Es folgt die erste Träne am Ende des Films, einige Filme platzieren sie früher. Es hängt davon ab, wann die Figur keine Kraft mehr hat, die Weigerung aufrechtzuhalten oder ihre Gründe für die Weigerung unterwandert werden.

Passiert das zu früh, glaubt der Zuschauer den Gefühlsausbruch nicht. Zum Beispiel in dem Film „Luther" (2003). Bereits am Anfang des Films bricht Martin Luther entkräftet zusammen und weint. Er sagt zwar, was ihn bedrückt, aber der Zuschauer hatte keine Gelegenheit zeitgleich mit Luther an diesen Punkt zu gelangen. Joseph Fiennes (Luther) macht als Darsteller in diesen Szenen alles richtig. Er spielt allerdings die Vorgeschichte, die der Zuschauer nicht kennt. Der Zuschauer wird emotional überrumpelt.

Oft geben wir befreundeten Schauspielern unsere Skripte zum Testlesen. Denn diese haben meist ein gutes Gespür, welche Punkte für die Figuren die wichtigsten sind und wie lange eine Weigerung, eine Lüge, ein Geheimnis, ein Schweigen aufrechterhalten werden kann und wann damit Schluss sein sollte.

Wann dieser Punkt erreicht ist, sehen Testleser oft besser, weil sie einen frischen Blick auf die Geschichte haben. Sie wissen nicht, was im Script 'gemeint' ist, sondern sehen nur das, was geschrieben wurde: „Ich als Figur bin noch nicht bereit zu weinen" – das ist ein wertvoller Tipp, wenn Sie emotional erzählen möchten.

9 Skepsis des Zuschauers gegenüber Gefühlen

Wir haben die Erfahrung gemacht, dass Figuren in Drehbüchern oft viel zu schnell ihre Konflikte ausleben oder sogar lösen. Oft fallen Sätze wie: „Ich hasse dich, weil Du mich betrogen hast!" Ist solch ein Satz erst einmal gefallen, bleibt kein Raum für Subtext oder andere verborgenen Ebenen mehr. Besser wäre es, die betrogene Figur schmiedete einen Plan, um sich an ihrem Partner zu rächen und unterdrückte dafür zunächst ihre Wut, um sie als Energie für den Rückschlag zu nutzen. So kann man besser die Tiefe der Verletzung dieser Figur miterleben und hat zeitgleich eine schlüssige Handlung geschaffen.

Wir widmen der Weigerung ein ganzes Kapitel, weil wir in den letzten Jahren zu viele Drehbücher gelesen haben, in denen die Gefühlsausbrüche der Figuren den Leser / Zuschauer vollkommen kalt lassen – obwohl sich die Schauspieler später im Film mit hochroten Köpfen anbrüllen, in sich zusammensacken oder mit Türen geknallt wird.
Gefühle zu unterdrücken ist meist besser als Vollgas zu geben. Vielleicht geht es Ihnen genauso: Sie sitzen mit Freunden am Tisch, unter ihnen auch ein Paar, das gerade Probleme miteinander hat. Statt diese zu thematisieren oder außen vor zu

lassen, schweigen sie sich gegenseitig an oder werfen sich spitze Bemerkungen an den Kopf. Das erzeugt schnell eine unangenehme Stimmung im Raum. Und die ist oft eindringlicher, als wenn sich die beiden laut streiten würden. Das wäre einem eher peinlich. Wird der Konflikt unterdrückt, dann haben wir sofort das Gefühl: Hier liegt etwas Schwerwiegendes im Argen. Da wir es nicht genau wissen, müssen wir spekulieren, was es sein könnte und sind dabei gezwungen, Gesten und Worte der anderen genau zu beobachten, um mehr zu erfahren. So geht es dem Zuschauer bei Filmen auch. Er versucht, dahinterzukommen, was jemand fühlt oder was er plant. Ein (positiver) Nebeneffekt dieser Art, Konflikte zu schildern ist: Wenn wir etwas in einem Konflikt nicht genau erkennen können, versuchen wir, diese Lücke mit den eigenen Erlebnissen und Gefühlen „aufzufüllen". So haben Sie den Zuschauer wieder stärker in den Film eingebunden – und sich selbst als Filmemacher auch!

Aus unserer Erfahrung heraus wissen wir, dass der Zuschauer gegenüber Emotionen ein wahrer Skeptiker sein kann. Deshalb wollen wir es noch mal betonen: Wenn der Zuschauer zwei streitende Figuren sieht, bedeutet es nicht zwangsläufig, dass er dem Streit emotionale Tiefe beimisst. Der Zuschauer muss zunächst die Gefühle beider Figuren verstehen, um in gewisser Weise die Auseinandersetzung herbeizusehnen. Wie wird mit dem Konflikt umgegangen? Bekommt der Zuschauer im Vorfeld nicht die Gelegenheit, in die Figuren „hineinzuschlüpfen", dann wird ihm der Streit unglaubwürdig und übertrieben erscheinen. Es lässt ihn kalt. Wenn Figuren im Fernsehen weinen, bedeutet es noch lange nicht, dass dieser Ausdruck Tiefe hat. Der französische Schauspieler, Dramatiker und Regisseur Antonin Artaud schreibt, dass...

> *„... jedes echte Gefühl in Wirklichkeit unübersetzbar ist. Es ausdrücken heißt, es verraten. Aber es übersetzen heißt, es zu verheimlichen. Echter Ausdruck verbirgt, was er äußert. (...) Darum haben ein Bild, eine Allegorie, eine Figur, die maskiert, was sie enthüllen möchte, größere Bedeutung für den Geist als die Klarheiten, die durch die Analysen des Wortes bewirkt werden."* [4]

Als Zuschauer bindet man sich emotional an den Protagonisten, wenn die Figur ihre Angst oder ihren Schmerz verbirgt und diesen nicht offenbaren will. Ein gutes Beispiel ist Jack in "Raum", der leugnet, dass es draußen eine wirkliche Welt gibt. Die Vorstellung macht ihm Angst, da somit alles, was er bis dahin in seinem Leben gelernt hat, falsch ist. Aber auch bei Jacks Mutter Joy hat die Autorin Emma Donoghue sehr darauf geachtet, dass diese Figur ihre Gefühle wie Angst, Wut oder Trauer ihrem Sohn gegenüber nicht immer offen zeigt und sie somit unterdrückt, um Jack nicht zu verunsichern. Dieses Unterdrücken sorgt beim Zuschauer für Empathie und bindet ihn wiederum an die Mutter.

10 Gegen das Drama anschreiben

Immer wieder wird in Dramaturgie-Lehrbüchern darauf hingewiesen, dass kein Drehbuch ohne Konflikte funktionieren kann. Dem stimmen wir vorbehaltlos zu. Aber es gibt noch eine andere Seite, auf die wir hinweisen wollen: Der Autor sollte nicht ausschließlich dramatisch schreiben, sondern, nachdem der Grundkonflikt klar ist, gegen das Drama anschreiben. Ein Beispiel: Bei „Raum" ist die Lebenssituation eigentlich sehr bedrohlich, doch alle Figuren versuchen, das nicht zusätzlich zu betonen. Sie agieren gewissermaßen gegen das Drama. Es

gibt viel Humor und Schönheit in diesen vier Wänden. Die Figuren fühlen sich nicht immer tragisch oder dramatisch. Sie versuchen einfach, mit der Situation so gut wie möglich klarzukommen.
Genauso verhält sich Philippe in „Ziemlich beste Freunde". Obwohl er querschnittsgelähmt ist, lacht er viel und lebt seine Liebe für Kunst und Sprache aus. Selten kommt im Film zum Vorschein, wie er unter seiner Lebenssituation leidet. Die nicht-dramatische Haltung der Figuren macht diese Filme so einzigartig. Dazu meint der Autor und Regisseur Michelangelo Antonioni:

> *„Wenn ich heute zurückblicke [...] waren diese (frühen) Filme eher zu warm; sie zeigten die Gefühle, um die es mir ging, auf zu direkte Art, und wenn ich es noch mal machen würde, würde ich sie ein wenig kontrollierter darstellen."* [5]

Wer gegen das Drama anschreibt, dem sollte eines klar sein: der Grundkonflikt. In „Raum" oder „Ziemlich beste Freunde" und vielen anderen Filmen ist das der Fall. Der Zuschauer sollte wissen, worum es geht. Erst dann kann der Autor des Drehbuches gegen das offensichtlich Dramatische anschreiben.

CHECKLISTE

- Leugnen, lügen, betrügen, ignorieren und weigern sich Ihre Figuren?
- Gibt es überhaupt einen Schatz, ein Geheimnis oder ein aufgestautes Gefühl, das es sich lohnt zu beschützen? Was ist es genau?

- Wird dieses Geheimnis der Figuren erst zum Schluss des Films offengelegt?
- Durchleben Ihre Figuren alle fünf Phasen des Wandels?
- Wann weint Ihre Hauptfigur im Film? Am Anfang, in der Mitte oder am Ende? Oder gar nicht?
- Sind Ihre Figuren zu oft zu dramatisch, zu aggressiv oder brechen zu häufig in Tränen aus?

Tags Norm Verbotenes Status quo

6. AUSSENSEITER

Fast alle (finanziell) erfolgreichen Filme und Serien haben eine Gemeinsamkeit – ihre Hauptfiguren sind Außenseiter: „Columbo", „Monk", „Forrest Gump", „Erin Brockovich", „Der Marsianer", „Fack ju Göhte", „Vincent will Meer" oder die beiden Todkranken aus „Knockin`on Heaven`s Door". Filme mit Hauptfiguren, die sich selbst als Teil einer Gruppe sehen oder für nichts Besonderes halten, sind eher selten und irgendwie auch ein bisschen langweilig.

In diesem Kapitel möchten wir darauf hinweisen, beim Nachdenken über Filmfiguren immer die innere Haltung eines Außenseiters einzunehmen. Denn jeder von uns sieht sich die meiste Zeit seines Lebens in einer Rolle außerhalb der Norm und somit außerhalb einer Gruppe. Wir können gar nicht anders. Unser tägliches Erleben ist darauf ausgerichtet, dass wir Situationen immer nur aus unserer eigenen Sicht wahrnehmen, die Sicht einer Gruppe einzunehmen gelingt uns eher selten. Und selbst als Klassensprecher oder Parteivorsitzender

versucht man immer, die eigene Sicht der Dinge einfließen zu lassen.
Diesen Umstand kann man bei der Figurenentwicklung nutzen, wobei es völlig irrelevant ist, ob es sich um den Protagonisten oder die allerkleinste Nebenrolle handelt.

1 Alle Figuren sind Außenseiter

Nehmen wir wieder „Ziemlich beste Freunde" als Beispiel. Driss war im Gefängnis und er wird von seiner Tante zuhause rausgeschmissen. Er ist nirgendwo zuhause – weder gefühlt noch tatsächlich. Der Film ist zu großen Teilen aus seiner Sicht geschildert. Auch der reiche Philippe ist Außenseiter. Er kann seinen Körper nicht mehr bewegen, lebt in einem großen Haus, das er als Käfig empfindet und scheut sich, eine neue Frau kennenzulernen. Dass die beiden zentralen Figuren Außenseiter sind, ist offensichtlich. Bei genauerer Betrachtung sind es die Nebenfiguren aber ebenso:

» Driss Halbbruder ist ein kleiner Drogendealer.
» Driss Tante ist alleinerziehend und arbeitet schwer, um ihre vielen Kinder durchzubringen, trotzdem reicht das Geld nur für das Nötigste.
» Philippes Tochter ist ein rebellischer Teenager und fühlt sich oft missverstanden. Ihr Freund behandelt sie mies.
» Philippes Sekretärin ist lesbisch.

Noch ein Beispiel: In „Fack ju Göhte" ist Zeki die Hauptfigur, im Rotlichtmilieu gilt er als normal, als Lehrer in der Schule auf keinen Fall. Im Goethe-Gymnasium wiederum gibt es ausschließlich Außenseiter – egal, ob die Figuren groß oder klein angelegt sind:

- Lisi ist noch Referendarin und wird von den Schülern fertiggemacht, fühlt sich mit der Aufgabe alleingelassen und wenig respektiert.
- Die Rektorin Gerster will Härte und Pragmatismus, da aus ihrer Sicht die Schule sonst dem Untergang geweiht wäre. Sie denkt, dass sie den Laden alleine schmeißen müsse, weil die Lehrer oft nicht mitziehen.
- Die Lehrerin Leimbach-Knorr will sich das Leben nehmen, weil sie die Schüler nicht mehr erträgt. Sie fühlt sich ausgegrenzt. Auch von ihren Kollegen bekommt sie keine Rückendeckung.
- Laura, Lisis Schwester, ist schüchtern und hat noch keinen Freund, ist aber in Daniel unglücklich verliebt. Sie will sich zusammen mit einer Freundin das Leben nehmen.
- Der Lehrer Herr Gundlach wird von Zeki aus dem Theaterstück gemobbt. Er fühlt sich missverstanden und schmeißt den Kurs hin.
- Der Junge, den seine Mitschüler aufs Korn nehmen, indem sie ihn in einen Süßigkeitenautomaten sperren.

Alle Randgruppen bilden zusammengenommen unsere Gesellschaft. Unter der Lupe betrachtet führt jedoch jeder sein eigenes Leben aus seiner eigenen Sicht.

2 Außenseiter erschaffen

Wollen Sie einen Außenseiter erschaffen? Denken Sie in Kontrasten:

- Ein Dunkelhäutiger gerät in eine NPD-Demo.
- Ein Stotterer tritt beim Poetryslam auf.

- Ein Vater wird von seiner Familie nicht mehr ins Haus gelassen.
- Ein Internatsschüler feiert Weihnachten alleine.
- Wenn Sie Ihr eigenes Buch bei den Mängelexemplaren stehen sehen.

Die Kontrastierung ist eine Möglichkeit. Ein andere ist, Normen zu übertreten.

Verbote

Sie können Ihre Figuren durch die Überschreitung einer moralischen Grenze charakterisieren. Dafür reichen schon „kleine" Verbote aus. Verbote von Figuren übertreten zu lassen, macht den Zuschauer immer neugierig. Schauen wir uns dafür den Film „Hangover" an, in dem alle drei Hauptfiguren der gehobenen Mittelschicht angehören. Sie alle tun zu Beginn der Geschichte etwas, was den gesellschaftlichen Konventionen nicht entspricht.

- Der verheiratete und gelangweilte Lehrer Phil Wenneck sammelt das Geld seiner Schüler ein. Angeblich für eine Klassenfahrt, aber tatsächlich braucht er es, um den Junggesellenabschied seines besten Freundes Doug Billings in Las Vegas zu finanzieren. -> Er ist später im Film derjenige, der das Polizeiauto entwendet.
- Der eher ängstliche Zahnarzt Dr. Stuart „Stu" Price lügt seine dominante Freundin Melissa an, indem er behauptet, sie würden zu einer Weinverkostung fahren und nicht nach Vegas. -> Er ist später derjenige, der nicht nur eine Stripperin heiratet, sondern sich als Zahnarzt gekonnt selbst den Zahn zieht.
- Dougs zukünftigen Schwager Alan Garner, der aus einer

adeligen Familie stammt, sieht man bei der Anprobe eines Anzugs in einer hässlichen Unterhose dastehen. Ihm sind trotz seiner adeligen Herkunft alle Verhaltensnormen fremd. -> Er ist derjenige, der beim Pokern am besten betrügen kann.

So werden alle drei Hauptfiguren durch einen Regelbruch von Anfang an charakterisiert. Der Zuschauer ist neugierig, was sie als Nächstes anstellen werden. Der Humor dieses Filmes basiert unter anderem auf der Überschreitung von gesellschaftlichen Normen und zwar durch alle Figuren. Weitere Beispiele aus anderen Filmen:

» **Vincent will Meer**: Vincent flucht laut auf der Beerdigung seiner Mutter in der Kirche. Er hat das Tourette-Syndrom.
» **Fack ju Göhte**: Zeki schlägt seine Schüler. Später im Film stellt die Schuldirektorin Zeki ein falsches Abiturzeugnis für ihn aus.
» **Ziemlich beste Freunde**: Beim Vorstellungsgespräch klaut Driss ein kostbares Ei.

Ablehnung

Eine weitere Möglichkeit ist, dass sich die Figur nicht von der Gesellschaft abwendet, sondern die Gesellschaft (oder das System) die Figur ablehnt.

» **Shrek**: Weil Shrek ein hässlicher Oger ist, wird er von den anderen Märchenfiguren abgelehnt.
» **Rambo**: Als Kriegsveteran wird er von der Gesellschaft, stellvertretend durch den Sheriff, abgelehnt.
» **Avatar**: Der Ex-Marine wird sowohl von den Wissen-

schaftlern als auch von den Na`vi abgelehnt.

» **Forrest Gump**: Forrest wird aufgrund seines niedrigen IQs vom amerikanischen Schulsystem abgelehnt.

Kreiere eine Wüste

Falls Verbote und Ablehnungen aus unterschiedlichen Gründen in Ihrer Geschichte nicht funktionieren, dann fügen Sie Ihrer Figur auf andere Art Schaden zu. Sie können nach dem Motto vorgehen: *Wenn* jemand Durst haben soll, *dann* schick ihn in die Wüste! Kreieren Sie eine Wüste! Ein Beispiel: Peter findet seine Arbeitskollegin Uschi toll, ist aber zu schüchtern, sie anzusprechen. Gerne wird dieses Problem mit einem Dialog gelöst. Peter sagt dann bspw. zu einem guten Freund: „Ich mag sie, aber ich traue mich nicht, sie anzusprechen." Doch ein Dialog ist keine visuelle Handlung. Wenn Uschi in Peters Leben wichtig werden soll, zeigt sich dies glaubhafter, wenn Peters Schüchternheit zu sehen ist und nicht in einem Dialog verbalisiert wird. Wenn wir zeigen wollen, dass er eine Frau mag, aber zu schüchtern ist, sie anzusprechen, dann könnten alle anderen Jungs in seiner Nähe eloquente Eroberer sein und alle eine Freundin haben. Dann versteht man ganz von selbst, was er will.

Hier ein filmisches Beispiel: Christian Mertens hat ein Musikvideo für den Hamburger Sänger Niels Frevert gedreht.
Der Song und das zugehörige Video heißen „Baukran" und sind auf den üblichen Videoplattformen im Internet zu sehen.
Es erzählt die Geschichte eines Jungen, der mit seinen Freunden ins Schwimmbad geht. Dort angekommen beobachtet er, wie ein anderer Junge elegant vom Sprungbrett abhebt. Er klettert mit seinen Freunden auf den 10-Meter-Turm, um das erste Mal in seinem Leben herunterzuspringen. Oben ange-

kommen bekommt der Junge aber weiche Knie – er hat Angst vor der Höhe. Die Jungs drängen ihn zum Sprung. Er bricht jedoch ab und geht wieder zurück. Jetzt steht er als Feigling da. Als alle Freunde heruntergesprungen sind und der Junge alleine oben auf dem Turmplateau steht, fasst er all seinen Mut zusammen und springt letztlich doch noch.

Die „Wüste" ist in diesem Fall auf zwei Arten kreiert worden: Zum einen beobachtet der Junge einen anderen Springer, der mit perfekten Bewegungen ins Wasser eintaucht und zum anderen muss er dabei zusehen, wie alle seine Freunde ohne Angst vor seinen Augen vom Sprungbrett hüpfen. Es ist klar: In solch einer Umgebung bekommt man Durst, Sehnsucht, auch so gut springen zu können, um auch dazuzugehören. Und damit kann das NEED der Figur in der Mitte der Bedürfnispyramide verortet werden.

Und so ist es im realen Leben auch: Wir versuchen, bei Gruppen anzudocken, sei es der Familie, der Fußballmannschaft, der Schulklasse oder bei einer zufälligen Begegnung in der Kneipe am Abend. Man sucht den Anschluss. Ohne soziale Bindungen würden wir „vertrocknen". Auf der anderen Seite will sich der Junge auf dem Sprungturm selbst behaupten und seinen eigenen Weg gehen. Wir wollen also beides: Individuen sein UND zu einer Gruppe dazugehören.
Der amerikanische Soziobiologe Edward O. Wilson sieht diese innere Zerrissenheit als Wesenszug der menschlichen Natur. Er meint, dass der Mensch sich in einem ständigen Konflikt „zwischen der Aufopferung für die Gemeinschaft einerseits und dem Egoismus, dem Kampf für den Eigennutz andererseits" befindet. Und auf die Frage, wie man diesen inneren Konflikt lösen könne, meint er: „Gar nicht. Wir müssen mit ihm klarkommen." [6] Das ist eine gute Nachricht für Drehbuchautoren!

Denn dieses Hin und Her ist eine hervorragende Energiequelle für Filmfiguren.

Der Junge auf dem Sprungbrett hat Angst, abgelehnt zu werden, wenn er den Sprung ins Wasser nicht schafft. Wir Zuschauer drücken ihm die Daumen, dass er diese Mutprobe besteht. Darin enthalten ist die allgemeingültige Frage, ob sich ein Außenseiter wieder in die Gesellschaft integrieren kann. Wenn jemand seine individuellen Bedürfnisse durchsetzt, kann er dafür von der Gesellschaft bestraft werden. Auf der anderen Seite kann er durch seinen Alleingang am Ende neue Impulse setzen und er erntet sogar Anerkennung von der Gruppe für sein Handeln. Wenn diese Win-Win-Situation eintritt, haben wir in den meisten Fällen ein Happy End und der Film ist kurze Zeit später zuende. „Fack ju Göhte" ist ein gutes Beispiel dafür: Zeki setzt sich zum einen in der Schule als Lehrer durch, zum anderen hat er sich auch angepasst.

3 Status quo

Ein Außenseiter fällt nur auf, wenn man weiß, was die Norm ist. Die meisten Filme beginnen in der Regel mit der Beschreibung des Alltags der Hauptfigur in dessen gewohnter Umgebung. In der Filmliteratur gibt es verschiedene Namen dafür: Set-Up, gewöhnliche Welt, Routine, Predicament, Mundane World oder Homebase. Egal, wie man es nennt: Die Welt ist in Ordnung und der Zuschauer kann erst einmal die normale Welt kennenlernen, die später auseinanderbrechen wird. Wenn man mitfühlen soll, wie schmerzhaft es ist, dass eine Ehe scheitert, muss man sie erlebt haben, als sie noch in Ordnung war.
Oft lesen wir Exposés, Treatments und Drehbücher, in denen

zu schnell der Konflikt eingeführt wird. Das Argument ist dabei oft, dass die (Fernseh-)Redaktion Angst habe, dass der Zuschauer zu schnell abschalte, wenn die Einführung in die Geschichte zu lange dauere. Diese Ängste sind begründet. Es gibt aber mehrere Möglichkeiten, den Film so zu beginnen, dass die Neugier des Zuschauers geweckt wird und man dennoch auf den Status quo der Figuren nicht verzichten muss.

Möglichkeit 1: In der amerikanischen Drehbuchliteratur gibt es ein geläufiges Sprichwort: „Start with the action, explain later." Beispiele:

» **Ziemlich beste Freunde**: Verfolgungsjagd. Driss und Philippe fahren zu schnell und werden von der Polizei angehalten. Dann erst beginnt der Film und man sieht, wie beide sich kennenlernen.
» **Iron Man**: Ein Unfall in der Wüste. Dann erst sehen wir in einer Rückblende, wie das normale Leben von Tony Stark aussieht.
» **Matrix**: Trinity tötet Polizisten. Dann erst beginnt die Story, in der wir die normale Welt von Neo sehen.

Möglichkeit 2: Man lässt die unterschiedlichen Welten der Figuren aufeinanderprallen, indem man sie von Anfang an parallel erzählt. Der Zuschauer ist neugierig, wann und wie sie aufeinandertreffen.

» **Captain Phillips**: Zu Beginn wird der Captain im Alltag gezeigt, er bricht zu einer Schiffsfahrt auf. Routine. Zeitgleich ist der harte Alltag der späteren Schiff-Piraten zu sehen und wie die Crew für den Überfall ausgesucht wird.
» **Notting Hill**: Der Filmstar Anna Scott ist in einer Montage zu sehen. Blitzgewitter. Dann sehen wir die Welt von Will,

wie er in seiner Buchhandlung ums tägliche finanzielle Überleben kämpft.

» **Pretty Woman**: Die Welt des Millionärs und der Prostituierten werden parallel gezeigt. Man spürt: Beide werden aufeinandertreffen. Der Zuschauer kann sich fragen: Wie kommen sie zusammen?

Möglichkeit 3: Man fängt mit einer kleinen Grenzüberschreitung an, welche die Neugier beim Zuschauer wecken soll. Im Unterkapitel „Verbote" haben wir bereits einige Überschreitungen geschildert.

Unabhängig davon, wie ausführlich in Filmen der Status quo beschrieben wird, er sollte zu sehen sein, denn: Erst müssen die Regeln klar sein, um sie brechen zu dürfen. Der Zuschauer muss den Anfang der Geschichte erlebt haben, um innere Entwicklung und Motivation bei den Figuren mitfühlen zu können. Es hilft sehr, wenn wir ein Gefühl dafür haben, nach welchem Urzustand sich die Figur sehnt.
Deshalb plädieren wir dafür, den Status quo so zu beschreiben, als ob diese Beschreibung für einen Außerirdischen gedacht wäre. Denn jeder Film erzählt eine andere Welt – und diese muss zunächst etabliert werden. Ein Marsianer kennt die Menschen nicht. Er muss sie erst kennenlernen.
Ein Beispiel: Sie beginnen Ihren Film an der Stelle, an der die Familie eines Jungen von Dieben umgebracht wird. Der Marsianer wird dieses Ereignis emotional nicht begreifen, weil er glauben könnte, dass es sich für Menschen so gehört. Und genauso wird es den Zuschauer kalt lassen, wenn Sie den Status quo nicht vorher etablieren. Wenn Sie dem Marsianer – also dem Zuschauer – jedoch davor kurz zeigen, wie glücklich Familien in der Vorstadt leben, dass alle auf sich gegenseitig achten, sich unterstützen und schätzen, wird der Marsianer

erfahren, dass gerade etwas Ungewöhnliches passiert ist. Die Bedeutung der Familie muss aufgeladen werden. Erst dann ist der Weg bereitet, die Figur, die ihre Eltern verloren hat, als Außenseiter zu verstehen. Das Abenteuer kann beginnen.

4 Entwicklung der Außenseiter

Wenn Sie eine wichtige Figur in Ihrem Film als Außenseiter einführen, dann haben Sie damit bereits in Grundzügen deren Ende festgelegt. Zumindest auf der Ebene des NEEDs – was an der Oberfläche der Handlung passiert, ist eine andere Sache. Der amerikanische Psychologe David McClelland hat über die Grundmotive des Menschen geforscht. Er hat festgestellt, was wir ohnehin durch den Konsum vieler Filme und Serien bereits unbewusst wissen:

» Wenn sich eine Figur ungeliebt, zurückgewiesen, isoliert, ausgeschlossen, alleingelassen, also wertlos fühlt, dann ist sie am Ende der Entwicklung zugehörig, erfährt Geborgenheit, findet Freunde, ist also integriert und ihr Beitrag zur Gemeinschaft wird beachtet. Beispiele: „Ziemlich beste Freunde", „Goethe!", „Fack ju Göhte".

» Wenn eine Figur das Gefühl hat, die Kontrolle zu verlieren, unwichtig oder unbedeutend zu sein und oder sich missachtet fühlt, also Ohnmacht erfährt, dann ist sie am Ende mit Macht ausgestattet, hat die Kontrolle, dominiert, erlebt ihre eigene Bedeutung, hat einen guten Status, besitzt Einfluss oder hat gelernt zu kämpfen und sich dem Wettbewerb zu stellen. Sie wird dann in Entscheidungen eingebunden. Beispiele: „Die Firma", „Gladiator", „Django Unchained".

» Wenn sich die Figur als Versager, also als unfähig, schwach, erniedrigt, dumm oder nutzlos fühlt, dann wird ihre Leistung am Ende anerkannt. Sie hat dann Erfolg, es gibt Fortschritte, Kreativität, Abwechslung, Neugierde und Fantasie im neuen Leben. Beispiele: „Blind Side", „The Breakfast Club", „Whiplash".

Mit diesen drei Verläufen haben Sie eine weitere Möglichkeit, die Entwicklung eines Außenseiters beim Schreiben eines Exposés oder Treatments zu überprüfen.

5 Praktischer Nutzen

Die Sichtweise, in jeder Figur des Drehbuchs einen Außenseiter zu sehen, hilft nicht nur beim Schreiben. Am Set trifft man auch auf Schauspieler, die eine kleine Rolle spielen werden. Eine Tagesrolle mit fünf Zeilen Text. Die Zeit am Set ist knapp. Ein langes Vorgespräch ist nicht möglich. Der Regisseur hat also zwei Minuten Zeit für ein Briefing, bevor geprobt oder gedreht wird. Unabhängig vom Background der Figur und dem Ziel in der Szene, lohnt sich der Hinweis: Deine Figur ist ein Außenseiter! In der Regel wird Ihnen der Darsteller kein Klischee, sondern eine Figur mit Bedürfnissen und kleineren Macken anbieten.

Tags Norm Verbotenes Status quo

CHECKLISTE

» Sieht sich jede Figur als Außenseiter?
» Unternimmt die Figur etwas Verbotenes oder wird sie von der Gesellschaft abgelehnt?
» Haben Sie eine „Wüste" kreiert?
» Ist der Status quo beschrieben? Verstehen auch fiktive Außerirdische, wie ihre erzählte Welt zu Beginn ist?
» Entwickelt sich der Außenseiter im Laufe der Geschichte in sein Gegenteil?

7. STUFEN DER ESKALATION

Hatten Sie schon mal einen Streit um eine Erbschaft mit der Verwandtschaft? Oder eine Trennung, die eskaliert ist, weil der eine den anderen betrogen hat? Oder kennen Sie einen erbitterten Streit mit der besten Freundin?
Wenn Sie so etwas bereits erlebt haben, dann kennen Sie die Dynamik, die solch ein Kleinkrieg mit sich bringt. Und Sie wissen auch, dass Streitigkeiten nie von heute auf morgen passieren, sondern immer eine Vorgeschichte haben und der Streit Stück für Stück eskaliert. Auch wenn man im Nachhinein, wenn der Streit vorbei ist, nicht mehr genau weiß, wie es so weit kommen konnte, so haben wir doch noch im Gefühl, dass es immer wieder „Kleinigkeiten" waren, die Öl ins Feuer gegossen haben. Um diese Kleinigkeiten, diese Abstände, in denen immer wieder Öl ins Feuer gegossen wird, geht es in diesem Kapitel. Denn wir haben beobachtet, dass in den meisten Drehbüchern, die es nicht bis zur Produktion geschafft haben, diese Steigerungen wenig beachtet wurden. Dass Konflikte auf einem ähnlichen Niveau stehen bleiben oder sich wiederholen. Häufig wird ein Konflikt auch von Beginn an so scharf geführt, dass das Eskalations-Pulver zu früh verschossen wird.
Auch hier lohnt es sich, einen Blick auf Anfang und Ende einiger Filme zu werfen.

Bad Neighbours: Anfang: Die jungen Eltern Mac und Kelly freuen sich, mit ihrem Baby in einer ruhigen Gegend zu wohnen. Hier kann das Kind ungestört aufwachsen. Dann zieht ei-

ne wilde Studentenverbindung ins Nachbarhaus, aber man verspricht sich, bei Lärm nicht gleich die Polizei zu rufen.
Ende: Der Streit zwischen Mac und dem Chef der Studentenverbindung erreicht seinen Höhepunkt, als eine Party mit Hunderten Studenten eskaliert, Feuerwerkskörper werden auf Streifenwagen abgeschossen, die beiden prügeln sich. Der Chef der Verbindung wird von der Polizei festgenommen.

Rambo: Anfang: John Rambo geht in eine Kleinstadt und wird vom Sheriff angesprochen, was er dort wolle.
Ende: Er lässt eine Tankstelle in der Stadt explodieren und ist kurz davor, den Sheriff zu töten.

Anfang und Ende könnten kaum unterschiedlicher sein. Wie gestaltet man die Zwischenstufen bei sich zwei streitenden Parteien oder Figuren?

1 Neun Stufen der Eskalation

Die Basis für einen Konflikt ist der Frieden: Zu Beginn ist die Welt noch in Ordnung und man hat eine „Kooperation" zwischen beiden Konflikt-Parteien. Das kann vieles sein: Man hat Sex miteinander, man gründet eine Firma zusammen, man will gemeinsam einen Gegner ausschalten oder jemand zahlt Geld und erhält dafür eine Ware. Beide Parteien sind glücklich: Win-Win. Die Basis für einen tiefergehenden Streit ist, dass man sich mag und ein Vertrauensverhältnis hat. Nur wenn Vertrauen vorhanden ist, kann es später strapaziert werden. Zu Beginn der Geschichte sollte dieses Verhältnis etabliert oder zumindest angedeutet werden. Erst auf dieser Basis kann eine Partei einen Verlust erleiden und das Ungleichgewicht nimmt seinen Lauf. Der Kampf kann beginnen.

Der österreichische Konfliktforscher Friedrich Glasl hat die neun Stufen der Eskalation ausführlich beschrieben und wir möchten sie hier kurz skizzieren. Das ist trockener Lesestoff, deshalb lesen Sie es gerne oberflächlich. Sie können die Abfolge auch später immer wieder zur Hand nehmen, wenn Sie zum Beispiel gerade ein Drehbuch überarbeiten und das Gefühl haben, der Konflikt steigert sich noch nicht im richtigen Rhythmus. Bevor diese Stufen einsetzen, fällt zwischen den zukünftigen Streithähnen etwas vor, was das Glück, die Kooperation, beschädigt. Manchmal gibt es bereits eine Wunde aus der Vergangenheit, die noch nicht verheilt ist. Zum Beispiel wenn sich einer in einer Band nicht genügend beachtet sah oder ein alter Streit nicht ausgetragen wurde. Dann kommt es zu einem Ereignis, das die Kooperation ins Wanken bringt:

» Die Beatles sind glücklich. Aber John Lennon verliebt sich in Yoko Ono. Sie mischt sich in die künstlerischen Prozesse der Band ein, Paul McCartney gefällt das nicht.

Erst jetzt können die neun Stufen einer Eskalation beginnen, die Beatles und besonders Paul McCartney können sich mit John Lennon streiten. Ein Streit zwischen zwei Parteien läuft meistens in Stufen ab. Erst die Befolgung dieser Stufen macht beide Konfliktparteien in ihrem Verhalten für den Zuschauer nachvollziehbar. Wir haben die Erläuterung zu den einzelnen Stufen auf ein Minimum reduziert.

Tags Kleinkrieg Engergieniveau Gegner

1. Verhärtung

Die Meinungen und Standpunkte verhärten sich auf beiden Seiten, aber es haben sich noch keine starren Lager gebildet.

2. Debatte/Polemik

Es gibt langatmige Debatten und taktische Verhaltensweisen. Konfliktverhalten gewinnt die Oberhand und führt zu der Überzeugung, dass Reden nicht mehr hilft.

3. Taten statt Worte

Jetzt helfen nur noch Taten: Keine Partei will nachgeben, beharrt auf dem eigenen Standpunkt und erwartet, dass das Gegenüber die Meinung übernimmt.

4. Sorge um Image und Koalitionen

Der Gegner wird zum Feind und die "Lager" spalten sich. Konfliktparteien drängen einander in negative Rollen, Stereotype und Klischees entstehen.

5. Gesichtsverlust

Der Gegner wird öffentlich bloßgestellt und diffamiert. Die Glaubwürdigkeit des Gegners geht verloren, er erscheint im neuen Licht.

6. Drohstrategien

Drohungen werden gegenseitig ausgesprochen, sogenannte "Stolperfallen" gelegt. Das Gewaltdenken nimmt zu.

7. Begrenzte Vernichtungsschläge

Der Gegner/Feind wird zur "Sache" erklärt. Es wird mit einem Vernichtungsschlag geantwortet. Ziel ist nicht mehr zu gewinnen, sondern dem anderen Verluste zuzufügen.

8. Zersplitterung

Ziel ist es, den Gegner zu "vernichten" und das feindliche System zu zerbrechen.

9. Gemeinsam in den Abgrund

Vernichtung des Gegners um jeden Preis, auch wenn dies Selbstvernichtung heißt. Es gibt kein Weg zurück.

Diese Stufen sind Abfolgen, die im Leben in dieser Klarheit nicht stattfinden und die auch jederzeit gestoppt werden können, wenn der Konflikt erfolgreich geschlichtet wird.

2 Der glaubwürdige Antagonist

Da diese Stufen für beide Parteien gelten, also meist für den Protagonisten und seinen Gegenspieler in einem Film, lohnt sich ein genauer Blick auf das Thema. Für den Protagonisten werden solche Stufen oft mit viel Aufmerksamkeit im Drehbuch ausgearbeitet. Der Antagonist hingegen kommt häufig zu kurz: Wenn Sie zum Beispiel Ihren Antagonisten in der Geschichte zum ersten Mal auftreten lassen, er aber bereits große Drohgebärden macht und sich verhält, als wäre er auf der dritten Stufe der Eskalation, dann wird der Zuschauer ihn zwar sofort als Antagonisten erkennen, aber er hatte keine Zeit, dessen Ziele, Wünsche, Bedürfnisse oder Motivationen kennenzulernen. Der Antagonist wird in seinem Verhalten nicht nachvollziehbar. Das schwächt den gesamten Konflikt und damit auch den Protagonisten.

3 Rambos Gegner

Ein Antagonist, bei dem diese Stufen detailliert geschildert werden, ist der Sheriff in „Rambo – First Blood". Als dieser zu Anfang des Films dem Landstreicher Rambo begegnet, haben die Autoren (Michael Kozoll, William Sackheim, Sylvester Stallone) darauf geachtet, dass der Sheriff unseren Helden Rambo in feinen Stufen in den großen Konflikt drängt. Er teilt dem Landstreicher auf freundliche Weise seine Meinung mit und möchte, dass er die Stadt wieder verlässt (1. Stufe). Doch Rambo bleibt stur - er will in der Stadt nur etwas zu essen bekommen. Doch auch der Sheriff gibt nicht nach und befördert ihn an die Stadtgrenze (2. Stufe). Rambo fühlt sich ungerecht behandelt und geht wieder zurück in Richtung Stadt. Hier wird er vom Sheriff erneut eingefangen und wütend nimmt er Rambo mit auf die Polizeistation in Gewahrsam (3. Stufe). Wir können das Verhalten und die Haltung des Sheriffs nachvollziehen, obwohl er nicht besonders sympathisch ist. Aber er bleibt in seinem Verhalten menschlich. In der fortgeschrittenen Handlung machen wir uns sogar Sorgen um ihn, weil er sich unwissentlich den falschen Gegner ausgesucht hat. Der Sheriff als Gegenspieler macht bei „Rambo" den Film so einzigartig. Das ist auch der Grund, warum die weiteren Teile der Filmreihe schwächer sind - der Zuschauer kann die Eskalationsstufen von Rambos Gegnern nicht nachvollziehen. Es gibt nämlich keine, und die Gegner sind quasi Pappfiguren, die von Beginn an nur böse gucken und böse Dinge tun. So entstehen Klischees.

So lohnt es sich, auch beim Gegenspieler alle Stufen zu erzählen, selbst wenn einige Schritte ins „Off" gelegt werden müssen. Das kann notwendig sein, um die Geschichte stärker aus der Sicht des Protagonisten zu schildern.
Es ist manchmal ausreichend, wenn nur die Ergebnisse, also die Entscheidungen des Gegenspielers zu sehen sind.
Nach dem ersten Wendepunkt bei „Rambo - First Blood" begeben sich die Polizisten auf die Jagd nach Rambo, doch der verteidigt sich und macht alle Männer kampfunfähig. Er bedroht auch den Sheriff mit seinem Messer und fordert ihn auf, diesen Krieg zu beenden: „Lass uns aufhören. Lass es sein." Ein Friedensangebot. Wie der Sheriff über dieses Angebot denkt wird jedoch nicht gezeigt. Stattdessen folgt ein Zeitsprung und man

sieht ein großes Camp mit Militärfahrzeugen und Zelten sowie Journalisten, die über die Ereignisse berichten. Die Jagd geht also weiter und der Einsatz auf der Seite des Sheriffs wurde sogar deutlich erhöht. Somit ist die nächste Stufe der Eskalation klar erzählt, auch wenn die Entscheidung des Sheriffs im „Off" stattgefunden hat.
Diese Auslassung ist sehr groß, wenn man sich vorstellt, was alles *nicht* gezeigt wurde: Der Sheriff hätte sich beruhigen können und erkennt, dass er wirklich zu weit gegangen ist. Oder man hätte zeigen können, wie er den langen Weg zurück ins Tal mit all seinen verwundeten Kollegen bestreitet und dabei die Wut auf Rambo wächst. Ebenso nicht gezeigt wurde seine Vorbereitung, die Anrufe bei der Staatspolizei und Nationalgarde.
Solche Auslassungen funktionieren am besten, wenn der Konflikt sehr klar und die Kränkung für jeden sofort nachvollziehbar ist. So können das Verständnis und das Mitgefühl für den Antagonisten aufrechterhalten werden, und man muss nicht jede einzelne Entscheidung im „On" zeigen.

4 Ansteigendes Energieniveau

Schwieriger wird es mit den Eskalationsstufen, wenn der Film zwei Protagonisten hat, die räumlich weit voneinander getrennt sind. Der oscarprämierte Animationsfilm „Findet Nemo", handelt von einem Vater, der durch den ganzen Ozean schwimmt, um seinen vermissten Sohn Nemo zu finden. Der Vater erlebt viele Gefahren und Abenteuer, die der Ozean so zu bieten hat: Haie, Wale, Feuerquallen oder gefährliche Strömungen. Für seine Reise fiel es den Autoren (Andrew Stanton, Bob Peterson, David Reynolds) nicht schwer, die auf sich aufbauenden Gefahren zu steigern. Doch der Film erzählt

parallel die Geschichte von Nemo, der in einem Aquarium gefangen ist. Die drei Autoren hatten nun das Problem, dass die Abenteuer, die der Vater im weiten Ozean erlebt, an sich viel spannender sind als die von Nemo, der „nur" in einem kleinen Aquarium steckt. Bei einem Wechsel zu Szenen mit Nemo hätte das Interesse beim Zuschauer absinken können. Um das Energieniveau zu halten, haben die Autoren das Aquarium gefährlicher gestaltet: Es gibt ein Menschenmädchen, das die Fische im Aquarium quält und einen Anführer, der Nemo für seinen eigenen Fluchtversuch manipuliert und obendrein erlebt Nemo einen halsbrecherischen Ausbruch. Mit dieser einfachen Gegenüberstellung der Abenteuer kann man erkennen, wie wichtig es den Autoren war, dass die Spannung bei beiden Szenerien nicht nur ansteigt, sondern sie auch eine ähnliche Intensität in ihrer Dramatik haben - auch wenn sich die Abenteuer an verschiedenen Orten abspielen.
Die Grundregel ist: Das Energieniveau steigert sich immer, wird nie schwächer. Wenn Filme produziert werden, bei denen die Eskalation auf dem gleichen Niveau stehenbleibt oder absackt, wird die Szene spätestens im Schneideraum aus dem Film entfernt. Das schmerzt besonders Produzenten. Diese Kosten hätte man sich sparen können.
Damit Sie das Energieniveau der Handlung an verschiedenen Orten steigern können, kann es helfen, wenn beide Figuren das gleiche WANT und das gleiche NEED haben. Dann wird es dem Zuschauer leichtfallen, sich in die Perspektive des anderen Helden hineinzuversetzen. Bei „Findet Nemo" haben sowohl der Vater als auch der Sohn dasselbe WANT. Beide wollen wieder zueinanderfinden. Und sie haben das gleiche NEED. Sie wollen beim anderen für die begangenen Fehler um Vergebung bitten. Bei dieser starken WANT-NEED-Konstruktion ist es fast schon irrelevant, wie weit der räumliche Abstand zwischen den Figuren ist. So kann man die Inten-

sität des Konfliktes über eine große Distanz steigern.

Nicht immer können WANT und NEED im Gleichklang auftreten. Bei Krimis beispielsweise haben die verschiedenen Ermittler „nur" das gleiche WANT: den Täter finden. Auch in Arztserien wird oft das gleiche WANT verfolgt: Ärzte und Pfleger versuchen, den gleichen Krankheitsfall zu therapieren. So kann das Energieniveau für alle Erzählstränge leichter gehalten werden. Erlebt ein Patient einen gesundheitlichen Rückschlag, dann betrifft es alle Stränge zur gleichen Zeit. Haben A-, B- und C-Plot jedoch unterschiedliche Konflikte, ist es kniffliger, die Eskalationsstufen aufeinander abzustimmen.
Ein Film, dem dieses Kunststück gelingt, ist der Ensemblefilm „Tatsächlich ... Liebe". Dort werden neun (!) Erzählstränge parallel geschildert und die wichtigsten von ihnen kulminieren zeitgleich am Ende des Films bei einer Schulaufführung und am Flughafen in London. Jede Figur im jeweiligen Erzählstrang hat den anderen, den sie liebt, als WANT, aber das NEED ist die große verbindende Kraft: Alle Hauptfiguren wollen ihren Drang nach Liebe stillen. Jede auf ihre Art.

5 Der Vermittler

Die Stufen der Eskalation laufen in letzter Konsequenz auf eine Vernichtung hinaus. Gemeinsam in den Abgrund. Das ist für eine Geschichte nicht immer wünschenswert, denn die Hauptaussage eines Films wäre dann: Nur im Tod sind alle Konflikte zu lösen. So weit soll es in der Regel nicht gehen müssen.
Um ein glücklicheres Ende zu gewährleisten, schaltet sich früher oder später ein Vermittler ein und entschärft die Eskalation. Oft sind es Freunde oder Vertraute des Protagonisten. Sie bringen eine neue Sicht auf den Konflikt.

Tags Kleinkrieg Engergieniveau Gegner

Bei „Rambo – First Blood“ ist es Colonel Trautman, der zwischen den verfeindeten Parteien noch rechtzeitig vermittelt und am Ende des Films Rambo zur Aufgabe bewegen kann.

Abb 3: Der erste Auftritt des Vermittlers: Colonel Trautman

Es ist sein großer Verdienst, dass der Zuschauer nicht das Mitgefühl für Rambo verliert. Ohne sein Auftauchen hätte Rambo, blind vor Wut, vermutlich ein Massaker angerichtet. Dank des Colonels erfahren wir, wer Rambo ist und welche Last aus dem Vietnamkrieg auf dessen Schultern liegt. Ab diesem Punkt können wir Rambo besser verstehen.

Es gibt viele Vermittlerfiguren in Filmen, die die letzten Eskalationsstufen abfedern und uns in das Herz der Protagonisten schauen lassen. Bei „Pretty Woman“ ist es die Figur des Hotelmanagers Bernard Thompson, die die Beziehung zwischen der Prostituieren Vivian und dem Millionär Edward nicht ins Leere laufen lässt. In „Mr. und Mrs. Smith“ ist es der Killer Eddie und gleichzeitig beste Freund von Mr. Smith, der zwischen den beiden Eheleuten vermittelt. Oft sind es Vermittlerfiguren, die beide Seiten des Konfliktes aus eigener Erfahrung kennen – das macht sie glaubwürdig für alle Beteiligten.

Je stärker die Gegensätze der Streitenden und je höher die Eskalationsstufen sind, umso stärker wird die Rolle des Vermittlers sein müssen. Zum Beispiel in Form von Organisationen wie die Polizei, ein Gericht oder andere mächtige Figuren, die die Macht oder das Feingefühl haben zu entscheiden oder zu schlichten. Vermittler rechtzeitig in das Drehbuch einzubauen, gibt einem die Möglichkeit, dass eine Partei eine Erkenntnis haben kann und der Konflikt sich entschärft. Gibt es keinen Vermittler, müssen beide Parteien untergehen.

6 Kollateralschaden

Es gibt viele Filme, in denen der Held dem Tod in letzter Sekunde von der Schippe springen kann. Er fällt vom Dach, stürzt in den Abgrund, das Herz setzt für kurze Zeit aus oder er ertrinkt ... und überlebt doch!
Dem Tod in die Augen geblickt zu haben, ermöglicht dem Helden eine neue Sicht auf sein bisheriges Leben und lässt ihn erkennen, was wirklich wichtig für ihn ist. Eine tiefgreifende Wandlung ist in der Figur nun möglich. Das ist besonders gut zu beobachten bei Filmen wie „The Game", „Matrix" oder dem letzten Teil der „Harry Potter"-Reihe, in denen die Figuren dem Tod sehr nahe sind, aber überleben.
Falls Sie bei Ihrem Helden nicht bis zum Äußersten gehen wollen oder Ihr gewähltes Genre das nicht bedient, gibt es eine Methode, die die Wandlung des Helden ebenfalls gut hervorrufen kann. Man verlagert den Tod oder Nah-Tod des Helden auf eine Nebenfigur. Oft hilft es, darauf zu achten, dass der Held dabei mindestens eine Teilschuld entweder – direkt oder indirekt – an dieser Katastrophe hat. In seinem Kampf mit den antagonistischen Kräften ist der Held so weit gegangen, dass seinetwegen eine ihm wichtige Nebenfigur zu Schaden kommt.

Wir nennen es „Kollateralschaden".
Das Begreifen seiner Tat und deren Folgen bringt ihn zur Besinnung. So kann ein Neubeginn erfolgen und dieser zieht eine Wandlung nach sich. Unserer Beobachtung nach ereignet sich dieses tragische Erlebnis oft in der siebten Sequenz. Wir können dabei entscheiden, ob der Haupt- oder der Nebenfigur etwas zustößt.

» In **Vincent will Meer** bricht die magersüchtige Marie zusammen und liegt mit einer Herzschwäche im Krankenhaus.

» In **Pretty Woman** wird Vivian von Edwards Anwalt geschlagen und beinahe vergewaltigt. Edward kann sie im letzten Moment retten.

» In **Ziemlich beste Freunde** verfällt der reiche Philippe in eine Depression. Er findet keinen Halt in seinem Leben, weil Driss sich gegen ihn und für seine Familie entschieden hat.

» In **Dirty Dancing** verliert Johnny seinen wichtigen Job als Tänzer und Baby das Vertrauen ihres Vaters.

» In **Gran Torino** wird das junge Mädchen Sue Lor von einer Gang vergewaltigt. Walt Kowalski entscheidet sich für seinen letzten tödlichen Kampf.

Nutzen Sie den Aspekt des Kollateralschadens, um dem Ende Ihrer Geschichte nicht nur Tragik, sondern auch Tiefe zu verleihen. Durch solche einschneidenden Erlebnisse kommt die Welt des Protagonisten kurz zum Stillstand und er hat die Chance, sich zu fragen, was (ihm) im Leben wichtig ist. Auf diese Weise ist die Tür zu einem Happy End wieder geöffnet. Ergreift er diese Chance, dann hat er noch einmal Glück gehabt und gelangt zu einer Erkenntnis für sein Leben. Er kann sich wandeln. So ist die Definition des Guten im Film – nicht, weil der Held der Gute ist, sondern weil er sich wandeln kann. Das Böse eben nicht.

CHECKLISTE

» Bleibt in Ihren Parallelsträngen das Energieniveau wie in der Haupthandlung erhalten? Oder fällt es ab?
» Verstehen Sie, warum Ihr Protagonist und dessen Antagonist in den Krieg ziehen? Zu jedem Zeitpunkt?
» Wurden beim Gegenspieler die Eskalationsstufen berücksichtigt?
» Haben die Figuren in Ihrem Ensemblefilm das gleiche WANT oder zu zumindest das gleiche NEED, das sich steigern lässt?
» Haben Sie einen Vermittler, der die Eskalation entschärft?
» Gibt es zum Ende der siebten Sequenz einen Kollateralschaden, der den Tiefpunkt der Hauptfigur kennzeichnet?

Tags Tools Kommunikation Weiterentwicklung

Abspann

Sie schreiben oder entwickeln gerade ein Drehbuch? Was möchten Sie bei der nächsten Überarbeitung verändern? Um diese Frage beantworten zu können, haben Sie mit den sieben Themen in diesem Buch gute Tools, die Grundlegendes verändern können.

» Soll die Kausalität erhöht werden?
» Entwickelt sich die zweite Geschichte?
» Wie kann man den Figurenbogen verstärken?
» Wie definieren die Nebenfiguren die Hauptfigur?
» Weigert sich die Hauptfigur ausreichend, bevor sie sich verändert?
» Sehen Sie in allen Ihren Figuren einen Außenseiter?
» Steigert sich die Eskalation in Stufen?

Aus Erfahrung wissen wir, welch großen Entwicklungsschritte in der Drehbuchentwicklung möglich sind, wenn diese sieben Themen bearbeitet werden. In der Kommunikation zwischen Regisseuren, Autoren, Produzenten und Redakteuren ist es nun einfacher, sich über strukturelle Dinge zu unterhalten und in konkreten Schritten das Drehbuch zu überarbeiten.

Denn darum geht es: die eigene Geschichte nicht nur besser in den Griff zu bekommen, sondern auch mit Lust die Dinge weiterzuentwickeln. Nutzen Sie unsere Tools – sie helfen.

Dank

Annette Seipp
Arne Sommer
Birte Kaspuhl
Eibe Maleen Krebs
Hammed Salama
Josefa Werner
Jörn Kaspuhl
Kirsten Harder
Marc Hofmeister
Marén Jahn
Matthias Hörnke
Meike Götz
Nicole Armbruster
Richard Raskin
Sonja Rothländer
Torben Kaspuhl
Wolfgang Kirchner

besonderer Dank an

Luise Steidtmann
Markus Reinecke
Ruth Preusse
Timo Landsiedel

Illustration
Thomas Gronle
www.gronle-legron.de

Filmindex (Auswahl)

- Avatar (2009)
- Bad Neighbors (2014)
- Erin Brockovich (2000)
- Fack ju Göhte (2013)
- Findet Nemo (2003)
- Forrest Gump (1994)
- Good Bye, Lenin! (2003)
- Hangover (2009)
- Harry und Sally (1989)
- How I met your Mother (2005 - 2014)
- Jungfrau (40), männlich, sucht... (2005)
- Magnolia (1999)
- Luther (2003)
- Million Dollar Baby (2004)
- Dirty Dancing (1987)
- Notting Hill (1999)
- Pretty Woman (1990)
- Rambo - First Blood (1982)
- Raum (2015)
- Robin Hood - König der Diebe (1991)
- Rocky (1976)
- Shrek (2001)
- Stirb langsam (1988)
- Tatsächlich ... Liebe (2003)
- Terminator 2 (1991)
- The Truman Show (1998)
- The walking Dead (2010 - 2016)
- Titanic (1997)
- Und täglich grüßt das Murmeltier (1993)
- Ziemlich beste Freunde (2011)

Literaturindex (Auswahl)

- **Benedict, Benjamin** (2014): Schreiben für Film und Serie. Drehbücher selbst entwickeln.
- **Field Syd / Meyer, Andreas / Witte, Gunther** (2003): Drehbuchschreiben für Fernsehen und Film. Ein Handbuch für Ausbildung und Praxis.
- **George, Elisabeth** (2004): Wort für Wort – Oder die Kunst ein gutes Buch zu schreiben.
- **Giglio, Keith** (2012): Writing The Comedy Blockbuster. the inapppropriate goal.
- **Howard, David / Mabley, Edward** (1996): Drehbuchhandwerk.
- **Kallas, Christina** (2012): Kreatives Drehbuchschreiben.
- **Keane, Christopher** (2013): Schritt für Schritt zum erfolgreichen Drehbuch.
- **McKee, Robert** (2001): Story. Die Prinzipien des Drehbuchschreibens.
- **Melzener, Axel** (2010): Kurzfilm-Drehbücher schreiben. Die ersten Schritte zum ersten Film.
- **Mosleh, Nicole** (2013): Drehbuchschreiben. Das Geheimnis glaubwürdiger Charaktere und fesselnder Geschichten.
- **Seger, Linda** (2012): Von der Figur zum Charakter. Überzeugende Filmcharaktere erschaffen.
- **Snyder, Blake** (2014): Rette die Katze! Das ultimative Buch übers Drehbuchschreiben
- **Vogler, Christopher** (1999): Die Odyssee des Drehbuchschreibers.
- **Buzan, Tony** (2006): Change Now!
- **Rabiger, Michael** (2008): Directing. Film Techniques and Aesthetics

Quellenverzeichnis

[1] **Elisabeth George** (2004): Wort für Wort – oder Die Kunst, ein gutes Buch zu schreiben. Goldmann Verlag.

[2] **Linda Seger** (2012): Von der Figur zum Charakter: Überzeugende Filmcharaktere erschaffen. Alexander Verlag.

[3] **Ingmar Bergman** (1993): Gaukler im Grenzland. Henschel Verlag.

[4] **Antonin Artaud** (2008): Das Theater und sein Double. Matthes & Seitz Verlag.

[5] **Seymour Chatman / Paul Duncan** (2004): Michelangelo Antonioni – Sämtliche Filme. Taschen Verlag.

[6] **Interview mit Edward O. Wilson**: Wir sind ein Schlamassel. DER SPIEGEL 8/2013
www.spiegel.de/spiegel/print/d-91056794.html
(abgerufen am 21.07.2016)

NOTIZEN

NOTIZEN

DIESE BÜCHER KÖNNTEN IHNEN AUCH GEFALLEN ...

Pitch it!

Die Kunst, Filmprojekte erfolgreich zu verkaufen | 3., überarbeitete Auflage

„Jeder, der Filmprojekte präsentieren muss und dieses Buch noch nicht besitzt, sollte den Kauf schnellstens nachholen." (Film & TV Kameramann)

Autorin: Sibylle Kurz; mit einem Vorwort von Dieter Kosslick
ISBN 978-3-7445-0814-8

Camera Acting

Das Schauspiel-Training

Dein Begleiter für alle Arbeitsphasen des Film- und Fernsehschauspiels: Trainiere mit Nick Dong-Sik Deine Körpersprache als Schlüssel zum Schauspielerfolg.

Autor: Nick Dong-Sik; unter Mitarbeit von Claudia Dalchow
ISBN 978-3-7445-0982-4

»Schau mir in die Augen, Kleines«

Die Kunst der Dialoggestaltung

3., überarbeitete Auflage

Autor und Dramaturg Oliver Schütte zeigt, wie Sie wirkungsvolle und spannende Dialoge schreiben – und wie Produzenten, Redakteure und Script Consultants effektiv mit Autoren an Dialogen arbeiten können.

Autor: Oliver Schütte

ISBN 978-3-7445-0921-3

Animationsfilm

Konzept und Produktion

Lassen Sie sich von Hannes Rall durch die faszinierende Welt des Animationsfilms führen. Ob Drehbuch und Storyboarding, figürliches Zeichnen oder Charakterdesign: Anhand zahlreicher exklusiver Illustrationen erklärt der erfolgreiche Trickfilmer die einzelnen Schritte der Konzeption.

Autor: Hannes Rall;
unter Mitarbeit von Melanie Beisswenger und Kathrin Albers

ISBN 978-3-7445-0530-7